essentials

Essentials liefern aktuelles Wissen in konzentrierter Form. Die Essenz dessen, worauf es als „State-of-the-Art" in der gegenwärtigen Fachdiskussion oder in der Praxis ankommt. *Essentials* informieren schnell, unkompliziert und verständlich

- als Einführung in ein aktuelles Thema aus Ihrem Fachgebiet
- als Einstieg in ein für Sie noch unbekanntes Themenfeld
- als Einblick, um zum Thema mitreden zu können

Die Bücher in elektronischer und gedruckter Form bringen das Fachwissen von Springerautor*innen kompakt zur Darstellung. Sie sind besonders für die Nutzung als eBook auf Tablet-PCs, eBook-Readern und Smartphones geeignet. *Essentials* sind Wissensbausteine aus den Wirtschafts-, Sozial- und Geisteswissenschaften, aus Technik und Naturwissenschaften sowie aus Medizin, Psychologie und Gesundheitsberufen. Von renommierten Autor*innen aller Springer-Verlagsmarken.

Ivonne Preusser · Marius Müller

Psychologische Verträge und die Rolle von Führung

Praxisnahe Ansätze zur Umsetzung in Organisationen

Ivonne Preusser
Fakultät für Informations- und Kommunikationswissenschaften, TH Köln
Köln, Deutschland

Marius Müller
Pleidelsheim, Deutschland

ISSN 2197-6708 ISSN 2197-6716 (electronic)
essentials
ISBN 978-3-662-71866-7 ISBN 978-3-662-71867-4 (eBook)
https://doi.org/10.1007/978-3-662-71867-4

Die Deutsche Nationalbibliothek verzeichnet diese Publikation in der Deutschen Nationalbibliografie; detaillierte bibliografische Daten sind im Internet über https://portal.dnb.de abrufbar.

© Der/die Herausgeber bzw. der/die Autor(en), exklusiv lizenziert an Springer-Verlag GmbH, DE, ein Teil von Springer Nature 2025

Das Werk einschließlich aller seiner Teile ist urheberrechtlich geschützt. Jede Verwertung, die nicht ausdrücklich vom Urheberrechtsgesetz zugelassen ist, bedarf der vorherigen Zustimmung des Verlags. Das gilt insbesondere für Vervielfältigungen, Bearbeitungen, Übersetzungen, Mikroverfilmungen und die Einspeicherung und Verarbeitung in elektronischen Systemen.
Die Wiedergabe von allgemein beschreibenden Bezeichnungen, Marken, Unternehmensnamen etc. in diesem Werk bedeutet nicht, dass diese frei durch jede Person benutzt werden dürfen. Die Berechtigung zur Benutzung unterliegt, auch ohne gesonderten Hinweis hierzu, den Regeln des Markenrechts. Die Rechte des/der jeweiligen Zeicheninhaber*in sind zu beachten.
Der Verlag, die Autor*innen und die Herausgeber*innen gehen davon aus, dass die Angaben und Informationen in diesem Werk zum Zeitpunkt der Veröffentlichung vollständig und korrekt sind. Weder der Verlag noch die Autor*innen oder die Herausgeber*innen übernehmen, ausdrücklich oder implizit, Gewähr für den Inhalt des Werkes, etwaige Fehler oder Äußerungen. Der Verlag bleibt im Hinblick auf geografische Zuordnungen und Gebietsbezeichnungen in veröffentlichten Karten und Institutionsadressen neutral.

Springer ist ein Imprint der eingetragenen Gesellschaft Springer-Verlag GmbH, DE und ist ein Teil von Springer Nature.
Die Anschrift der Gesellschaft ist: Heidelberger Platz 3, 14197 Berlin, Germany

Wenn Sie dieses Produkt entsorgen, geben Sie das Papier bitte zum Recycling.

Was Sie in diesem *essential* finden können

- Eine verständliche Einführung in das Konzept psychologischer Verträge und deren Wirkung auf Motivation, Verhalten und Bindung von Mitarbeitenden
- Eine systematische Darstellung der Unterschiede zwischen transaktionalen und relationalen Vertragsformen
- Ein praxisorientiertes Phasenmodell zur aktiven Gestaltung psychologischer Verträge durch Führungskräfte
- Eine fundierte Analyse typischer Reaktionen von Mitarbeitenden auf Vertragsverletzungen – von „Voice" bis „Exit"
- Eine empirische Untersuchung zur Wirkung transformationaler Führung bei psychologischen Vertragsverletzungen
- Konkrete Fallbeispiele und Formulierungsbeispiele zur Anwendung im Führungsalltag
- Reflexionsfragen und praxisnahe Impulse zur Stärkung vertrauensvoller Austauschbeziehungen
- Handlungsansätze für Führung und HR, wie psychologische Verträge bewusst gestaltet und als Führungsinstrument genutzt werden können

Interessenkonflikt Die Autor*innen haben keine für den Inhalt dieses Manuskripts relevanten Interessenkonflikte.

Inhaltsverzeichnis

1 Einleitung... 1
2 Der psychologische Vertrag – Definition und Konzept............ 5
   2.1 Perspektiven und Konzeptentstehung....................... 5
   2.2 Definition des psychologischen Vertrags.................... 6
   2.3 Entstehung des psychologischen Vertrags.................... 7
   2.4 Einflussfaktoren auf den psychologischen Vertrag............. 9
   2.5 Integratives Modell der Einflussfaktoren eines
       psychologischen Vertrages.............................. 10
3 Der psychologische Vertrag in der Praxis – Arten, Zustände und
   Wirkungsweisen... 13
   3.1 Arten von psychologischen Verträgen...................... 13
   3.2 Inhalte von psychologischen Verträgen..................... 16
   3.3 Erfüllung von psychologischen Verträgen................... 19
   3.4 Bruch und Verletzung von psychologischen Verträgen......... 20
4 Der psychologische Vertrag und Führung – Stellenwert und
   Einflussfaktoren.. 25
   4.1 Die Rolle von Führung im psychologischen
       Vertragsverhältnis..................................... 25
   4.2 Wirkungsweisen von Führungsstilen im psychologischen
       Vertragsverhältnis..................................... 27
   4.3 Fokus: New Leadership – neuere Führungsansätze............ 30
   4.4 Transformationale Führung im Spannungsfeld
       psychologischer Vertragsverletzungen..................... 35

5	Psychologische Verträge aktiv gestalten – Handlungsansätze für Führung und Organisation	39
	5.1 Relevanz: Warum psychologische Verträge ein zentrales Führungsthema sind	39
	5.2 Grundprinzipien: Wie Führung psychologische Verträge beeinflusst	40
	5.3 Handlungsfelder: Was Führungskräfte konkret tun können	40
	5.4 Ausblick: Wie gelingt Führungsverantwortung in dynamischen Arbeitswelten	47

Was Sie aus diesem *essential* mitnehmen können 49

Literatur. 51

Einleitung 1

Viele Herausforderungen in Organisationen – von nachlassender Motivation über destruktives Verhalten bis hin zur inneren Kündigung – lassen sich durch das Konzept des psychologischen Vertrags erklären. Dieser beschreibt die subjektiven, oft unausgesprochenen Erwartungen von Mitarbeitenden an ihre Organisation und insbesondere an ihre Führungskraft. Wird dieser „unsichtbare Vertrag" erfüllt, fördert dies Zufriedenheit, Vertrauen und Bindung. Wird er verletzt, drohen Enttäuschung, Rückzug oder sogar Exit.

Psychologische Verträge sind individuell, dynamisch und kontextabhängig. Ihre Inhalte reichen von Entwicklungsperspektiven und Arbeitsplatzsicherheit bis hin zu Wertschätzung und Führungsqualität. Sie entstehen im täglichen Miteinander – bewusst oder unbewusst – und werden durch Kommunikation, Verhalten und Entscheidungen geprägt. Eine zentrale Rolle spielt hierbei die direkte Führungskraft als wichtigste Repräsentantin der Organisation im Austauschverhältnis.

Dieses *Essential* führt praxisnah in das Konzept des psychologischen Vertrags ein. Es unterscheidet zentrale Vertragsarten – relationale und transaktionale – und gibt einen Überblick über deren Inhalte und typische Reaktionen auf Vertragsverletzungen. Im Mittelpunkt steht ein integratives Phasenmodell, das zeigt, wie Führung in jeder Phase des psychologischen Vertrags Einfluss nehmen kann – von der Entstehung über die Erfüllung bis zur möglichen Verletzung.

Eine aktuelle Studie untersucht, wie sich transformationale Führung auf die Reaktionen von Mitarbeitenden im Falle einer Vertragsverletzung auswirkt. Die Ergebnisse zeigen: Während bei relationalen Vertragsverletzungen kein signifikanter Einfluss auf kontraproduktives Verhalten feststellbar war, reduziert transformationale Führung im Fall transaktionaler Verletzungen nachweislich die Kündigungsabsicht. Daraus ergeben sich praxisrelevante Implikationen für eine

© Der/die Autor(en), exklusiv lizenziert an Springer-Verlag GmbH, DE, ein Teil von Springer Nature 2025
I. Preusser und M. Müller, *Psychologische Verträge und die Rolle von Führung*, essentials, https://doi.org/10.1007/978-3-662-71867-4_1

kontextsensible Führungsarbeit in einem zunehmend dynamischen Arbeitsumfeld.

Das abschließende Kapitel versammelt praxisnahe Handlungsansätze und konkrete Fallbeispiele zur aktiven Gestaltung psychologischer Verträge. Im Fokus stehen wirksame Maßnahmen, die Führungskräfte und Organisationen dabei unterstützen, Erwartungen transparent zu machen, psychologische Vertragsbeziehungen bewusst zu steuern und die Bindung von Mitarbeitenden in dynamischen Arbeitskontexten nachhaltig zu stärken.

Dieses *Essential* richtet sich an eine fachlich interessierte Leserschaft an der Schnittstelle von Psychologie, Management und Personalentwicklung – insbesondere Praktiker:innen aus HR, OE und Führung, aber auch Studierende und Lehrende der Arbeits- und Organisationspsychologie sowie angrenzender Managementfächer, die die psychologischen Prozesse hinter Verhalten, Bindung und Motivation in Organisationen besser verstehen und gestalten möchten.

> **Überblick über dieses Springer *Essentials***
>
> **Was zeichnet dieses Springer *Essentials* aus?**
>
> - Bietet eine kompakte, wissenschaftlich fundierte Einführung in das Konzept psychologischer Verträge und deren Bedeutung für die Praxis
> - Verknüpft theoretische Grundlagen mit aktuellen Herausforderungen wie Fachkräftemangel, Fluktuation und veränderten Erwartungen an Führung
> - Vermittelt ein praxistaugliches Phasenmodell zur Entstehung, Gestaltung, Erfüllung und Verletzung psychologischer Verträge
> - Enthält konkrete Handlungsempfehlungen, Reflexionsfragen und Fallbeispiele für die Führungsarbeit
> - Unterstützt Führungskräfte und HR-Verantwortliche dabei, psychologische Verträge als strategisches Führungsinstrument zu nutzen
>
> **Wie ist dieses Springer *Essentials* aufgebaut?**
>
> - Einleitung zur Relevanz des Themas und zur Struktur des Buches
> - Theoretische Fundierung: Vertragsarten, Inhalte, Wirkmechanismen und typische Reaktionen auf Vertragsverletzungen
> - Vorstellung eines Phasenmodells zur Analyse und aktiven Gestaltung psychologischer Verträge

- Darstellung der Rolle von Führung in jeder Phase – mit Fokus auf Kommunikation, Erwartungsmanagement und Vertrauensbildung
- Ergebnisse einer empirischen Studie zur Wirkung transformationaler Führung bei Vertragsverletzungen
- Abschließendes Praxiskapitel mit konkreten Impulsen, Formulierungsbeispielen und Gestaltungshinweisen für Führungskräfte

An wen richtet sich dieses *Essential*?

- Führungskräfte, die psychologische Vertragsbeziehungen reflektiert und strategisch gestalten möchten
- HR-Verantwortliche und Organisationsentwickler:innen, die neue Impulse für Mitarbeitendenbindung und Kulturarbeit suchen
- Coaches, Trainer:innen und Berater:innen, die mit Führungskräften an Erwartungsklarheit, Kommunikation und Vertrauensaufbau arbeiten
- Studierende und Lehrende aus den Bereichen Psychologie, BWL, Management und Personalentwicklung
- Alle, die kompaktes und zugleich tiefgehendes Wissen zur Rolle von Führung in der modernen Arbeitswelt suchen

Der psychologische Vertrag – Definition und Konzept 2

Der psychologische Vertrag beschreibt die individuellen Erwartungen von Mitarbeitenden an ihre Organisation und gilt als zentrales Konzept zur Erklärung von Bindung, Motivation und Verhalten im Arbeitskontext. Das Kapitel bietet eine fundierte Einführung in die historischen Ursprünge und theoretischen Grundlagen des Konzepts – von frühen Überlegungen zur Austauschbeziehung bis zur prägenden Neubestimmung durch Rousseau. Es wird dargestellt, wie psychologische Verträge entstehen, welche Rolle externe Botschaften und individuelle Interpretationen dabei spielen und wie sie sich im organisationalen Alltag manifestieren. Mehrere Praxisbeispiele veranschaulichen typische Entstehungsprozesse. Abschließend wird ein neues integratives Modell vorgestellt, das die bestehenden Ansätze nach Rousseau und Kels systematisch zusammenführt und erweitert.

2.1 Perspektiven und Konzeptentstehung

Die Entwicklung des Konzepts des psychologischen Vertrags lässt sich in zwei wesentliche Phasen unterteilen. Die erste Phase beginnt mit der Einführung des Begriffs durch Chris Argyris (1960) und ist gekennzeichnet durch Beiträge aus unterschiedlichen wissenschaftlichen Disziplinen bei gleichzeitig begrenzter empirischer Forschung. Die zweite Phase setzt mit der Neukonzeptualisierung durch Denise Rousseau (1989) ein, die zu einer stärkeren theoretischen und empirischen Fundierung führte (Conway & Briner, 2005).

Frühe theoretische Ansätze
Bereits vor der erstmaligen Nennung des Begriffs „psychologischer Vertrag" wurden Austauschbeziehungen im Arbeitskontext untersucht. Barnard (1938)

sowie March und Simon (1958) betonten die Bedeutung einer angemessenen Gegenleistung durch Unternehmen, um die langfristige Mitarbeit und Zufriedenheit der Angestellten zu sichern. Sie hoben hervor, dass das wahrgenommene Gleichgewicht zwischen den Beiträgen von Arbeitnehmenden und Arbeitgebenden entscheidend für die Stabilität der Arbeitsbeziehung ist. Ein weiterer Vorläufer des psychologischen Vertragskonzepts stammt von Menninger (1958), der zwischen expliziten und unausgesprochenen Verträgen unterschied, ohne den Begriff „psychologischer Vertrag" zu verwenden.

Argyris führte den Begriff des psychologischen Vertrags 1960 in seiner Studie über eine Produktionsfirma ein. Er beschrieb eine implizite Vereinbarung zwischen Arbeitnehmenden und deren Vorarbeitern: Während der Arbeitgeber die Werte und Normen der Angestellten akzeptiert und ihnen Autonomie bei der Aufgabenerfüllung gewährt, erbringen die Angestellten im Gegenzug qualitativ zufriedenstellende Arbeit. Argyris stellte fest, dass Eingriffe des Arbeitgebers in die kulturellen Normen der Mitarbeitenden zu Leistungsverlusten führen können, was nicht im Interesse des Unternehmens liegt.

Levinson (1962) definierte den psychologischen Vertrag als eine Sammlung von gegenseitigen, oft unausgesprochenen Erwartungen, die die Arbeitsbeziehung regulieren. Diese Erwartungen entwickeln sich kontinuierlich und Verstöße gegen die Gegenseitigkeit können emotionale Reaktionen wie Wut, Rückzug oder Feindseligkeit hervorrufen.

Schein (1965) betonte, dass die Zufriedenheit, das Commitment, die Arbeitsleistung und die Loyalität von Mitarbeitenden maßgeblich von einem ausgeglichenen psychologischen Vertrag abhängen. Er betrachtete die Erwartungen beider Vertragsparteien – der Mitarbeitenden und der Organisation. Schein analysierte, wie die Organisationskultur und die Managementebene den psychologischen Vertrag der Mitarbeitenden beeinflussen. Dabei ging er detailliert darauf ein, wie implizite Abmachungen über Leistungen (z. B. Arbeitslohn) und Erwartungen (z. B. Loyalität) das Verhalten der Mitarbeitenden steuern (Conway & Briner, 2005).

2.2 Definition des psychologischen Vertrags

Die Neukonzeptualisierung des psychologischen Vertrags durch Denise Rousseau (1989) markierte den Beginn einer zweiten Entwicklungsphase des Konzepts. Laut Rousseau beschreibt der psychologische Vertrag die individuelle Wahrnehmung der Bedingungen einer Austauschbeziehung zwischen einer Person und einer anderen Partei (Rousseau, 1989, S. 123). Im organisationalen Kontext sind die beteiligten Parteien typischerweise Arbeitnehmende und Arbeitgebende (Berchtold-Ledergerber, 2010; Grote & Staffelbach, 2012).

Während die Organisation als institutioneller Rahmen für die Entstehung eines psychologischen Vertrags dienen kann, besitzt sie selbst keinen psychologischen Vertrag – dieser kann nur von natürlichen Personen wahrgenommen werden. Beispielsweise kann eine Führungskraft psychologische Verträge mit Mitarbeitenden eingehen (Rousseau, 1989).

Der psychologische Vertrag ergänzt den formellen, ökonomischen Arbeitsvertrag durch implizite oder explizite Erwartungen und Versprechungen, die über die rein rechtlichen Vereinbarungen hinausgehen (Raeder & Grote, 2012; Raeder, 2019). Dabei umfasst der psychologische Vertrag nicht alle Erwartungen einer Seite, sondern nur diejenigen, die durch wahrgenommene Zusicherungen der Gegenseite gedeckt sind (Rousseau & Tijoriwala, 1998).

Abgrenzung zum klassischen Konzept des psychologischen Vertrags
Das von Rousseau entwickelte „moderne" Konzept unterscheidet sich deutlich von den „klassischen" Ansätzen von Levinson (1962), Schein (1965) und Argyris (1960). Während die klassischen Definitionen den Fokus auf menschliche Bedürfnisse und beidseitige Erwartungen legen (Behrens, 2009), konzentriert sich Rousseau auf die subjektive Wahrnehmung des Individuums als alleinigen „Eigentümer" des psychologischen Vertrags (Conway & Briner, 2005).

In Rousseaus Ansatz spielt die kognitive Verarbeitung bei der Bildung von Erwartungen eine zentrale Rolle. Individuelle Wahrnehmung und Interpretation von Versprechen führen dazu, dass psychologische Verträge stark variieren können – selbst innerhalb derselben Organisation (Rousseau, 1989, S. 123 f.). Dadurch wird deutlich, dass psychologische Verträge nicht als feste Modelle verstanden werden können, sondern als dynamische, individuell geprägte Konstrukte.

2.3 Entstehung des psychologischen Vertrags

Nach Rousseau (1995) wird der individuelle psychologische Vertrag von zwei zentralen Faktorengruppen geprägt: externe Nachrichten und soziale Hinweise sowie interne Interpretationen und Prädispositionen der einzelnen Person (Abb. 2.1).

Externe Nachrichten und soziale Hinweise
Zu den externen Nachrichten gehören Aussagen, Handlungen oder organisatorische Prozesse, die von der Organisation oder Kolleg:innen ausgehen („organizational

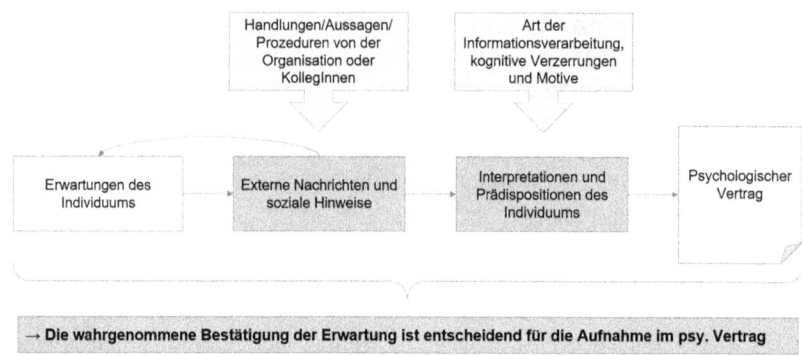

Abb. 2.1 Psychologische Vertragsentstehung. (Eigene Darstellung, in Anlehnung an: Rousseau, 1995)

messages" und „social cues"). Dazu zählen beispielsweise offizielle Unternehmenskommunikation, politische Richtlinien oder informelle Informationen aus dem sozialen Umfeld. Diese externen Botschaften vermitteln Erwartungen und tragen zur Bildung des psychologischen Vertrags bei (Rousseau, 1995).

Interne Interpretationen und Prädispositionen
Wie eine Person diese externen Nachrichten verarbeitet, hängt von individuellen Faktoren ab, wie kognitiven Verzerrungen, Motiven und persönlichen Zielen. Diese interne Verarbeitung wird als „Encoding-Phase" bezeichnet. Dabei interpretiert das Individuum die erhaltenen Informationen entsprechend seiner eigenen Lebenssituation und beruflichen Orientierung.

Das folgende Beispiel veranschaulicht diesen Prozess:

Lisa Meiers psychologischer Vertrag mit der „Innovatech AG"

Lisa Meier, eine 28-jährige Marketingexpertin, tritt eine neue Stelle bei der „Innovatech AG" an, einem Unternehmen, das für seine dynamische Unternehmenskultur bekannt ist. Schon im Bewerbungsprozess hebt ihre zukünftige Führungskraft, Herr Schulz, hervor: „Wenn Sie bei uns Leistung zeigen, stehen Ihnen alle Türen offen. Wir fördern engagierte Mitarbeitende aktiv."

Nach ihrer Einstellung wird diese Botschaft durch den Onboarding-Prozess weiter verstärkt. Lisa erhält eine Willkommensmappe, die „interne Aufstiegsmöglichkeiten" und „gezielte Weiterbildungsangebote" beschreibt. Diese

Informationen stellen „organizational messages" dar, also explizite Aussagen des Unternehmens, die Erwartungen an die Arbeitsbeziehung kommunizieren.

Zusätzlich hört Lisa in Gesprächen mit Kolleg:innen ähnliche Geschichten über schnelle Karriereschritte durch Trainings- und Mentoring-Programme. Diese Erfahrungen bilden „social cues", also soziale Hinweise, die die Wahrnehmung von Lisas psychologischem Vertrag weiter beeinflussen.

Lisa interpretiert diese externen Botschaften vor dem Hintergrund ihrer beruflichen Motive und kognitiven Prädispositionen (Encoding). Sie verarbeitet die Informationen und schließt daraus: „Wenn ich engagiert bin und meine Ziele erreiche, werde ich innerhalb von zwei Jahren befördert." Diese Schlussfolgerung bildet den Kern ihres psychologischen Vertrags mit der „Innovatech AG" (Decoding). ◄

2.4 Einflussfaktoren auf den psychologischen Vertrag

Kels (2022) beschreibt vier Kategorien von Einflussfaktoren, die die individuellen Erwartungen an einen psychologischen Vertrag prägen:

- Individuell-biografische Einflussfaktoren: Dazu zählen die aktuelle Lebenssituation, die Rolle von Arbeit im Leben einer Person sowie berufliche Ziele.
- Organisationale Einflussfaktoren: Hierzu gehören die Organisations- und Führungskultur sowie die Bedingungen des Beschäftigungsverhältnisses.
- Arbeitsmarktbezogene Einflussfaktoren: Dazu zählen Faktoren wie die Arbeitslosenquote, der Fachkräftemangel und Trends im Arbeitsmarkt.
- Gesellschaftliche und wirtschaftliche Einflussfaktoren: Aspekte wie die Globalisierung, der Wertewandel und technologische Entwicklungen spielen ebenfalls eine Rolle.

Die von Rousseau (1995) beschriebenen externen Nachrichten, soziale Hinweise und die interne Informationsverarbeitung lassen sich vor allem in den individuell-biografischen und organisationalen Einflussfaktoren von Kels wiederfinden. Er erweitert den Blickwinkel jedoch um arbeitsmarktbezogene, gesellschaftliche und wirtschaftliche Einflussfaktoren, wodurch das Verständnis der Entstehung psychologischer Verträge umfassender wird.

Die Einflussfaktoren nach Rousseau und Kels werden nachfolgend gemeinsam betrachtet und zu einem integrativen Modell erweitert.

2.5 Integratives Modell der Einflussfaktoren eines psychologischen Vertrages

Das integrative Modell (Abb. 2.2) fasst die Einflussfaktoren wie folgt zusammen:

> Das integrative Modell fasst die Einflussfaktoren wie folgt zusammen
>
> - **Externe Einflussfaktoren**
>   - Organizational Messages und Social Cues (Rousseau) entsprechen den organisationalen Faktoren (Kels).
>   - Interne Interpretationen und Prädispositionen (Rousseau) lassen sich den individuell-biografischen Faktoren (Kels) zuordnen.
> - **Erweiterte Einflussfaktoren nach Kels:**
>   - Arbeitsmarktbezogene Faktoren (z. B. Fachkräftemangel)
>   - Gesellschaftliche und wirtschaftliche Faktoren (z. B. Wertewandel, Globalisierung)

Diese erweiterten Faktoren beeinflussen die Entstehung und Interpretation psychologischer Verträge, die Rousseaus Modell nicht explizit abdeckt.

Das integrative Modell zur Entstehung psychologischer Verträge vereint die Perspektiven von Rousseau (1995) und Kels (2022). Während Rousseau den

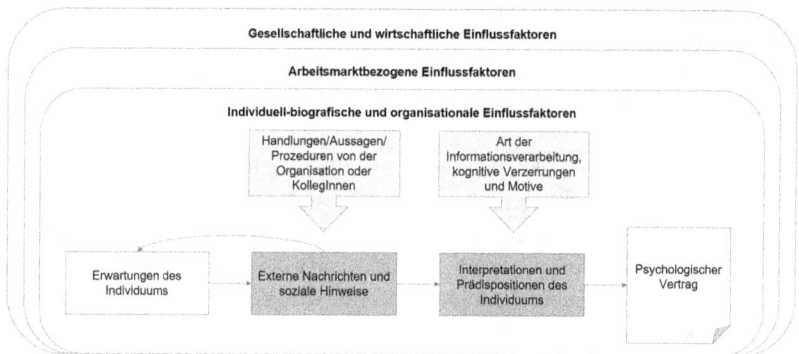

Abb. 2.2 Integratives Modell der Einflussfaktoren eines psychologischen Vertrages. (Eigene Darstellung, in Anlehnung an: Rousseau, 1995; Kels, 2022)

Fokus auf *Organizational Messages, Social Cues und die interne Informationsverarbeitung* legt, beschreibt Kels diese Faktoren in einem breiteren Kontext. Die Organizational Messages und Social Cues entsprechen den *organisationalen Faktoren* von Kels, wie Führungskultur oder Unternehmenspolitik. Die interne Interpretationen und Prädispositionen lassen sich den *individuell-biografischen Faktoren* zuordnen, die persönliche Ziele und Lebenssituationen berücksichtigen.

Der psychologische Vertrag in der Praxis – Arten, Zustände und Wirkungsweisen

Dieses Kapitel systematisiert zentrale Arten und Zustände psychologischer Verträge und analysiert deren Wirkmechanismen im organisationalen Alltag. Den Ausgangspunkt bildet die Unterscheidung zwischen transaktionalen und relationalen Vertragsformen sowie weiterführenden Typologien, die unterschiedliche Grade wechselseitiger Verpflichtungen abbilden. Darauf aufbauend werden Inhalte psychologischer Verträge dargestellt – unter Berücksichtigung kultureller, demografischer und kontextueller Einflussfaktoren. Es wird erläutert, unter welchen Bedingungen psychologische Verträge als erfüllt gelten und welche Effekte dies auf Bindung, Motivation und Verhalten von Mitarbeitenden haben kann. Besonderes Augenmerk liegt auf der Praxisrelevanz: Anwendungsnahe Beispiele veranschaulichen die Dynamik von Vertragserfüllung und -verletzung sowie typische Reaktionsmuster, die für Führung und HR-Arbeit von unmittelbarer Bedeutung sind.

3.1 Arten von psychologischen Verträgen

In der Literatur werden verschiedene Arten von psychologischen Verträgen diskutiert. Rousseau (1990) unterscheidet psychologische Verträge entlang eines Kontinuums zwischen transaktionalen und relationalen Vertragsbedingungen. Diese können anhand spezifischer Dimensionen wie Zeitrahmen, Greifbarkeit und Einbeziehung klassifiziert werden.

Transaktionale Verträge: Diese zeichnen sich durch einen klar definierten, zeitlich begrenzten Rahmen aus. Der Fokus liegt auf ökonomischen und extrinsischen Faktoren, wie der Erfüllung spezifischer Aufgaben oder Projektergebnisse.

Transaktionale Verträge sind häufig in befristeten oder projektbezogenen Arbeitsverhältnissen anzutreffen.

> **Transaktionaler Vertrag bei Lina Demir – Projektvertrag in der IT-Branche**
>
> Lina Demir, 43 Jahre alt, wird von einem mittelständischen IT-Dienstleister für ein befristetes Projekt engagiert. Ihr Auftrag umfasst die Einführung eines neuen ERP-Systems innerhalb von acht Monaten. In den Gesprächen mit der Geschäftsleitung wird klar kommuniziert: „Sie erhalten ein attraktives Honorar und volle Autonomie im Projekt – dafür erwarten wir eine termingerechte Einführung ohne dauerhafte Bindung."
>
> Lina interpretiert ihren psychologischen Vertrag entsprechend transaktional: klare Zielorientierung, begrenzte Zeitspanne und keine langfristige Einbindung. Sie arbeitet effizient und ergebnisorientiert, ohne sich über die Projektgrenzen hinaus mit der Organisation zu identifizieren. ◄

Relationale Verträge: Im Gegensatz dazu stehen relationale Verträge, die eine langfristige Perspektive und eine emotionale Bindung beinhalten. Sie umfassen sowohl ökonomische als auch intrinsische Elemente, wie Loyalität, Entwicklungsmöglichkeiten und Arbeitsplatzsicherheit.

> **Relationaler Vertrag bei Miriam Nowak – Entwicklungsperspektiven im Familienunternehmen**
>
> Miriam Nowak, 22 Jahre alt, beginnt ihre Tätigkeit bei einem traditionsreichen Familienunternehmen in dritter Generation. Schon im Vorstellungsgespräch wird ihr signalisiert: „Wir suchen Menschen, die mit uns wachsen wollen – hier sind Sie keine Nummer, sondern Teil unserer Zukunft." Ihr direkter Vorgesetzter stellt ihr langfristige Entwicklungsmöglichkeiten und umfassende Unterstützung bei Fortbildungen in Aussicht.
>
> Miriam nimmt dies als relationalen psychologischen Vertrag wahr: persönliche Wertschätzung, emotionale Bindung und langfristige Perspektiven. Als das Unternehmen sie bereits nach einem Jahr für ein Nachwuchsführungskräfteprogramm nominiert, fühlt sie sich bestätigt. Ihre Verbundenheit zur Organisation wächst, was sich in ihrem überdurchschnittlichen Engagement widerspiegelt. ◄

Die Gegenüberstellung dieser beiden Vertragsarten verdeutlicht, dass psychologische Verträge unterschiedlich ausgestaltet sein können und je nach Kontext

3.1 Arten von psychologischen Verträgen

variieren. Eine detaillierte Übersicht der Merkmale beider Typen ist in Tab. 3.1 dargestellt.

Alternative Klassifikationen psychologischer Verträge
Die klassische Zweiteilung in transaktionale und relationale Verträge wurde von mehreren Forschenden kritisch hinterfragt. Shore und Barksdale (1998) argumentieren, dass diese Unterscheidung den Kontext und die spezifischen Verpflichtungen von Arbeitnehmenden und Arbeitgebenden nicht ausreichend berücksichtigt. Sie schlagen stattdessen ein Modell mit vier Austauschtypen vor:

- **Beidseitig hohe Verpflichtungen:** Beide Parteien fühlen sich stark an die gegenseitigen Verpflichtungen gebunden, was zu einer stabilen und produktiven Arbeitsbeziehung führt.
- **Beidseitig niedrige Verpflichtungen:** In diesem Szenario existieren nur minimale Erwartungen, was oft in lockeren oder wenig engagierten Arbeitsbeziehungen zu finden ist.
- **Arbeitnehmenden-Überverpflichtung:** Die Verpflichtungen der Arbeitnehmenden übersteigen die wahrgenommenen Verpflichtungen der Arbeitgebenden, was häufig zu Frustration führt.
- **Arbeitnehmenden-Unterverpflichtung:** Hier fühlen sich Arbeitgebende stärker verpflichtet als Arbeitnehmende, was auf eine mangelnde Identifikation oder geringe Bindung hinweist.

Dieses Modell hebt hervor, dass gegenseitige Verpflichtungen variieren können und eine Balance zwischen den Parteien für den Erfolg einer Arbeitsbeziehung entscheidend ist.

Tab. 3.1 Transaktionale und relationale Ausprägungen von psychologischen Verträgen

Vertragsbedingungen	Transaktionale Ausprägung	Relationale Ausprägung
Fokus	Ökonomisch	Ökonomisch, emotional
Einbeziehung	Teilweise	Gesamte Person
Zeitrahmen	Geschlossen, spezifisch	Offen, undefiniert
Stabilität	Statisch	Dynamisch
Umfang	Eng	Allgegenwärtig
Greifbarkeit	Öffentlich, beobachtbar	Subjektiv, verstanden

In Anlehnung an: Rousseau, 1990; Rousseau, 1995

Weiterentwicklung durch Janssens, Sels und Van den Brande (2003)
Eine Weiterentwicklung beider Konzepte erfolgte durch Janssens, Sels und Van den Brande (2003). Die Autor:innen verknüpften die Dimensionen von Rousseau mit den Verpflichtungsmodellen von Shore und Barksdale. Sie erweiterten die Perspektive durch zusätzliche Dimensionen wie:

Beschäftigungsfähigkeit: Fähigkeiten und Kompetenzen der Mitarbeitenden.

Affektives Commitment: Emotionale Bindung an das Unternehmen.

Basierend auf diesen Erweiterungen wurden sechs Typen von psychologischen Verträgen entwickelt:

- **Loyale Verträge:** Hohe emotionale Bindung und langfristige Perspektive.
- **Instrumentale Verträge:** Starke Orientierung an ökonomischen Ergebnissen.
- **Schwache Verträge:** Geringe Verpflichtungen und Bindung auf beiden Seiten.
- **Ungebundene Verträge:** Fokus auf die Erfüllung kurzfristiger Ziele.
- **Investierende Verträge:** Hohe Investitionen von Mitarbeitenden ohne sofortigen Gegenwert.
- **Starke Verträge:** Hohe Verpflichtungen und Bindung auf beiden Seiten.

Diese Typologie integriert die Dimensionen aus den Modellen von Rousseau sowie Shore und Barksdale, bietet jedoch eine breitere Perspektive auf psychologische Verträge.

3.2 Inhalte von psychologischen Verträgen

Psychologische Verträge umfassen eine Vielzahl von Themenbereichen, die sich je nach individuellen Erwartungen und äußeren Einflüssen unterscheiden. Raeder und Grote (2001) differenzieren dabei zwischen traditionellen und neuen Vertragsinhalten:

Traditionelle Vertragsinhalte: Betonung auf wechselseitige Loyalität und hohe Arbeitsplatzsicherheit.

Neue Vertragsinhalte: Fokussierung auf Aspekte wie Eigenverantwortung und die Möglichkeit, eigene Fähigkeiten vielseitig einzusetzen (Grote & Staffelbach, 2022).

3.2 Inhalte von psychologischen Verträgen

Der Wandel von traditionellen hin zu neuen Vertragsinhalten wird maßgeblich durch den Prozess der Arbeitsflexibilisierung vorangetrieben (Raeder & Grote, 2005). Dabei reduzieren sich formale Regelungen, wodurch Mitarbeitende stärker in die Verantwortung genommen werden, eigenständig Entscheidungen zu treffen. Dennoch zeigen Untersuchungen, dass Erwartungen an den Arbeitgeber in Bezug auf Loyalität, interessante Arbeitsinhalte und angemessene Vergütung weiterhin bestehen, was traditionelle und neue Vertragsinhalte gleichermaßen aktuell macht (Grote & Staffelbach, 2022).

Subtypen des Übergangs
Um den Grad des Übergangs von traditionellen zu neuen psychologischen Verträgen zu verdeutlichen, definieren Raeder und Grote (2005) drei Subtypen (Abb. 3.1).

- **Konservativ variierende Verträge:** Geringe Veränderungen, starke Bindung der Mitarbeitenden.
- **Moderat variierende Verträge:** Ausgewogene Veränderungen, moderate Bindung.
- **Drastisch variierende Verträge:** Starke Veränderungen, sinkende Bindung und Loyalität.

Der Grad der Vertragsveränderung korreliert mit einer Abnahme der Mitarbeitendenbindung. Neue psychologische Verträge weisen dabei oft einen transaktionalen Charakter auf, da befristete Arbeitsverhältnisse und eine Leistungserfüllungsorientierung zunehmend an Bedeutung gewinnen (Kels, 2022).

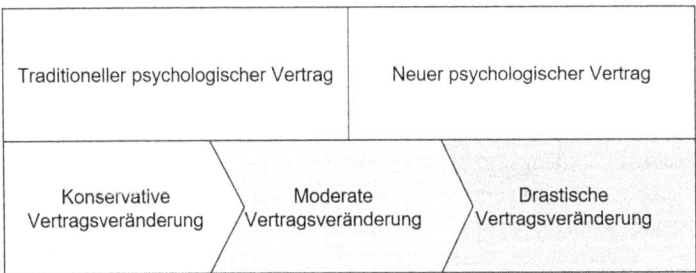

Abb. 3.1 Variierende psychologische Verträge

Vielfalt psychologischer Vertragsinhalte
Die Inhalte psychologischer Verträge sind stark von Kontext und Umfeld abhängig. Neben materiellen Aspekten wie Gütern und Dienstleistungen umfassen sie auch Werte, Normen und Überzeugungen (Grote & Staffelbach, 2012; Rousseau, 1995). Unterschiedliche Studien zeigen exemplarisch, wie kulturelle und branchenspezifische Faktoren die Vertragsinhalte prägen:

Schweiz (Generation Y): MINT-Fachkräfte der Generation Y legen besonderen Wert auf Loyalität, langfristige Entwicklungsperspektiven, eine gute Work-Life-Balance sowie eine Führungskultur, die auf Vertrauen und Wertschätzung basiert (Kels et al., 2016).

Indien: Arbeitnehmende priorisieren Weiterentwicklungsmöglichkeiten, eine unterstützende Unternehmenskultur sowie eine angemessene Bezahlung und Zusatzleistungen (Aggarwal & Bhargava, 2009).

Vereinigtes Königreich: Die wichtigsten Vertragsinhalte sind ein sicheres und angenehmes Arbeitsumfeld, faire Bezahlung und Gerechtigkeit (Herriot et al., 1997).

Deutschland (neue Studienergebnisse): Studien zeigen, dass Arbeitnehmende in Deutschland verstärkt auf Flexibilität in der Arbeitszeitgestaltung und eine transparente Kommunikation durch Führungskräfte Wert legen. Zudem gewinnt die Förderung von Diversität zunehmend an Bedeutung (ADP research institute, 2022; Hays 2020).

China: Eine vergleichende Studie von Du & Vantilborgh (2020) untersuchte, wie kulturelle Werte wie Kollektivismus die Vertragsinhalte beeinflussen. Arbeitnehmende betonten die Bedeutung von zwischenmenschlichen Beziehungen, Respekt und Sicherheit.

Zusammenfassung der Vielfalt
Die genannten Studien verdeutlichen die Individualität psychologischer Verträge. Sie zeigen, dass die Erwartungen und Inhalte von Faktoren wie kulturellen Normen, organisationalen Besonderheiten und wirtschaftlichen Rahmenbedingungen abhängen. Unternehmen müssen daher den psychologischen Vertrag kontinuierlich an die Bedürfnisse ihrer Mitarbeitenden und an externe Einflüsse anpassen, um eine hohe Mitarbeitendenbindung zu gewährleisten.

3.3 Erfüllung von psychologischen Verträgen

Ein psychologischer Vertrag gilt aus Sicht der Mitarbeitenden als erfüllt, wenn die Erwartungen der Arbeitnehmenden mit den Angeboten des Unternehmens übereinstimmen (Berchtold-Ledergerber, 2010). Kels (2022) betont, dass die Erfüllung überwiegend durch die Wahrnehmung eines Gleichgewichts zwischen den Erwartungen und den Angeboten der Vertragsparteien bestimmt wird. Die Erfüllung eines psychologischen Vertrags kann sich positiv auf das arbeitsbezogene Verhalten und die Einstellungen der Mitarbeitenden auswirken. Dazu gehören:

- **Steigerung des Commitments:** Eine höhere emotionale Bindung an die Organisation (Rodwell & Ellershaw, 2014).
- **Reduktion von Widerstand bei Veränderungen:** Mitarbeitende zeigen weniger Widerstand gegenüber organisatorischen Änderungen (van den Heuvel & Schalk, 2015).
- **Erhöhung der wahrgenommenen Fairness:** Die wahrgenommene Gerechtigkeit bei Beurteilungs- und Entscheidungsprozessen wird verbessert (Harrington & Lee, 2015).
- **Erhöhung der Arbeitszufriedenheit:** Besonders bei relationalen psychologischen Verträgen führt die Erfüllung zu höherer Zufriedenheit mit Arbeit und Gehalt (Syrek & Antoni, 2017).

Allerdings zeigen Conway et al. (2011), dass die positiven Effekte der Vertragserfüllung, wie z. B. auf Wohlbefinden und organisationales Commitment, geringer sind als die negativen Konsequenzen einer Vertragsverletzung.

Lisa Meiers Vertragserfüllung bei der Innovatech AG

Lisa Meier, Marketingexpertin bei der Innovatech AG, formuliert als Kern ihres psychologischen Vertrags die Schlussfolgerung: „Wenn ich engagiert bin und meine Ziele erreiche, werde ich innerhalb von zwei Jahren befördert." Entsprechend verhält sich Lisa in den ersten beiden Jahren ihrer Anstellung, erzielt hervorragende Ergebnisse und erreicht alle vereinbarten Ziele.

Nach zwei Jahren bietet die Innovatech AG Lisa die Leitung eines neuen Teams in der Marketingabteilung an. Dieses Angebot nimmt Lisa begeistert an und empfindet es als Bestätigung und Belohnung für ihre Anstrengungen. Ihr psychologischer Vertrag wird erfüllt, was sich in einer gesteigerten Motivation und einem verstärkten Engagement äußert. Lisa fühlt sich der Innovatech AG eng verbunden und zeigt eine positive und motivierte Einstellung gegenüber ihrem Team. ◄

Erfüllung in der Praxis: Der Schweizer HR-Barometer
Grote und Staffelbach (2022) analysieren im „Schweizer HR-Barometer" regelmäßig, wie gut arbeitgeberseitige Angebote die Erwartungen von Arbeitnehmenden erfüllen. Schwerpunkte sind Bereiche wie Entlohnung, Entwicklungsmöglichkeiten und Loyalität, die sowohl traditionelle als auch neue Vertragsinhalte umfassen.

Daten von 2088 Schweizer Arbeitnehmenden zeigen seit 2006 eine konstante Diskrepanz: Die Erwartungen der Arbeitnehmenden liegen meist über den wahrgenommenen Angeboten der Arbeitgeber. Besonders bei neuen Vertragsinhalten wie Entwicklungsmöglichkeiten ist die Lücke größer.

Mit dem Übergang zu einem Arbeitnehmermarkt ist es entscheidend, dass Unternehmen ihre Angebote stärker an den Bedürfnissen der Arbeitnehmenden ausrichten, um ihre Attraktivität als Arbeitgeber zu sichern (Grote & Staffelbach, 2022, S. 56–57).

3.4 Bruch und Verletzung von psychologischen Verträgen

Vertragsbruch und Vertragsverletzung: Begriffsabgrenzung
Ein psychologischer Vertragsbruch liegt vor, wenn Mitarbeitende eine Abweichung zwischen den erwarteten und tatsächlich erhaltenen Leistungen wahrnehmen. Eine Vertragsverletzung hingegen bezieht sich auf die emotionale Reaktion auf diese Abweichung, wie etwa Enttäuschung, Ärger oder moralische Entrüstung (Morrison & Robinson, 1997; Minssen & Wehling, 2011).

Das tatsächliche Verhältnis zwischen Erwartungen und Angeboten spielt hierbei eine untergeordnete Rolle – entscheidend ist, ob und wie die Abweichung wahrgenommen wird (Morrison & Robinson, 1997). Während die Begriffe Vertragsbruch und Vertragsverletzung vor den 1990er Jahren häufig synonym verwendet wurden, führte die Arbeit von Morrison und Robinson (1997) diese klare Differenzierung ein (Epitropaki, 2012).

Einflussfaktoren auf die Wahrnehmung einer Vertragsverletzung
Ob eine Abweichung als Vertragsverletzung empfunden wird, hängt von drei zentralen Faktoren ab:

- **Beobachtungshäufigkeit:** Häufige Kontrollen des Vertragspartners erhöhen die Wahrscheinlichkeit, dass Abweichungen bemerkt werden.

3.4 Bruch und Verletzung von psychologischen Verträgen

- **Größe der Abweichung:** Je größer die wahrgenommene Diskrepanz zwischen Erwartungen und Angeboten, desto wahrscheinlicher wird die Situation als Vertragsverletzung interpretiert.
- **Beziehungsqualität:** In angespannten Beziehungen werden selbst kleinere Abweichungen eher als Vertragsverletzung wahrgenommen, während stabile Beziehungen eine höhere Toleranz aufweisen (Rousseau, 1995).

Empirische Untersuchungen von Dulac et al. (2008) belegen, dass ein geringer organisationaler Support sowie eine schwache Beziehung zur Führungskraft (Low LMX) den Zusammenhang zwischen Vertragsbruch und Vertragsverletzung verstärken. Fehlt es an Unterstützung oder ist die Beziehung zur Führungskraft belastet, steigt die Wahrscheinlichkeit einer wahrgenommenen Vertragsverletzung.

Auswirkungen von Vertragsbruch und Vertragsverletzung
Sowohl Vertragsbruch als auch Vertragsverletzung haben gravierende Konsequenzen für die Arbeitsbeziehung:

- **Reduktion von Loyalität, Leistung und Zufriedenheit:** Mitarbeitende fühlen sich weniger an die Organisation gebunden (Berchtold-Ledergerber, 2010).
- **Erhöhung der Kündigungsabsicht:** Mitarbeitende neigen dazu, die Organisation zu verlassen (Kels et al., 2016).
- **Organisationaler Zynismus:** Ein gestörtes Vertrauensverhältnis fördert zynische Einstellungen gegenüber der Organisation (Jiang et al., 2017).
- **Förderung kontraproduktiven Verhaltens:** Mitarbeitende zeigen destruktives Verhalten und das Commitment sinkt (Bräutigam & Liebig, 2006; Rodwell & Ellershaw, 2014).

Die Beziehung zwischen den Parteien wird durch Vertragsverletzungen nachhaltig beschädigt, was die Grundlage für Vertrauen und Zusammenarbeit erheblich beeinträchtigen kann.

Reaktionsformen auf psychologische Vertragsverletzungen
In Anlehnung an Rousseau (1995) lassen sich vier zentrale Reaktionsformen auf psychologische Vertragsverletzungen identifizieren: Voice, Loyalität/Stille, Vernachlässigung/Zerstörung und Exit (Abb. 3.2). Diese Reaktionen werden entlang der Dimensionen aktiv/passiv und konstruktiv/destruktiv eingeordnet.

Voice – Aktive und konstruktive Reaktion: Die Voice-Reaktion ist durch aktives und konstruktives Handeln gekennzeichnet. Dabei versucht die betroffene

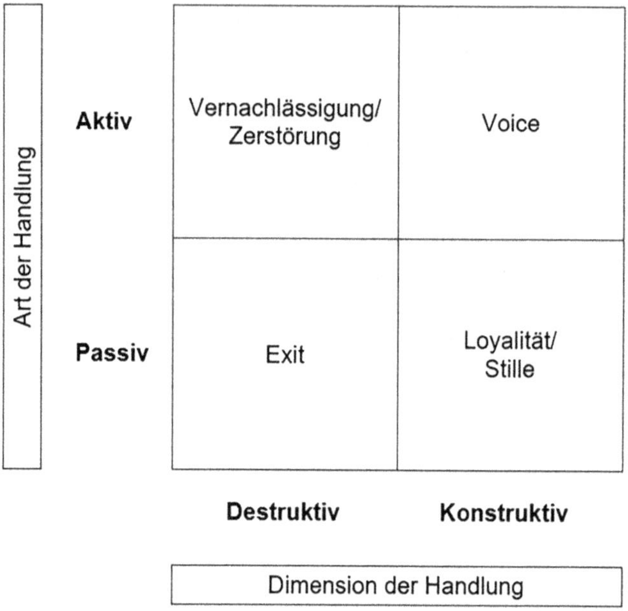

		Destruktiv	Konstruktiv
Art der Handlung	Aktiv	Vernachlässigung/ Zerstörung	Voice
	Passiv	Exit	Loyalität/ Stille

Dimension der Handlung

Abb. 3.2 Reaktionsformen auf psychologische Vertragsverletzungen. (In Anlehnung an: Rousseau, 1995)

Person, den Verlust durch die Vertragsverletzung zu kompensieren und Vertrauen in der Beziehung wiederherzustellen. Diese Reaktionsform wird in stabilen und vertrauensvollen Beziehungen bevorzugt, in denen die betroffene Person davon ausgeht, die Austauschbeziehung durch ihr Handeln positiv beeinflussen zu können. Ein unterstützendes Umfeld und klare Kommunikationskanäle fördern die Voice-Reaktion.

Voice-Reaktion

Nach der wahrgenommenen Vertragsverletzung sucht Lisa Meier das Gespräch mit ihrer Vorgesetzten. Sie schildert ihre Enttäuschung über die ausbleibende Beförderung trotz positiver Rückmeldungen und erfragt, welche Schritte sie unternehmen kann, um in der Innovatech AG voranzukommen. Die offene Aussprache mit der verständnisvollen Führungskraft hilft Lisa, ihre Enttäuschung zu verarbeiten und motiviert ihre Bemühungen für die Zukunft.
◄

3.4 Bruch und Verletzung von psychologischen Verträgen

Loyalität/Stille – Passive und konstruktive Reaktion: Die Loyalitäts- oder Stille-Reaktion ist passiv, aber konstruktiv. Die betroffene Person verzichtet auf eine unmittelbare Reaktion, was auf Loyalität gegenüber der Organisation oder die Hoffnung auf eine Verbesserung der Situation zurückgeführt werden kann. Auch das Fehlen von Alternativen kann eine Rolle spielen. Diese Reaktion trägt zur Aufrechterhaltung der Beziehung bei.

> **Loyalitäts- oder Stille-Reaktion**
>
> Lisa Meier überlegt nach der wahrgenommenen Vertragsverletzung, ob sie die Innovatech AG verlassen oder das Gespräch suchen soll. Schließlich entscheidet sie sich, keine weiteren Schritte zu unternehmen, um ihre beruflichen Perspektiven im Unternehmen nicht zu gefährden. ◄

Vernachlässigung/Zerstörung – Aktive und destruktive Reaktion: Die Vernachlässigungs- und Zerstörungs-Reaktion ist aktiv, jedoch destruktiv. Sie äußert sich durch bewusst reduzierte Pflichterfüllung (Vernachlässigung) oder durch aggressives Verhalten, wie Diebstahl oder Konfrontationen (Zerstörung). Diese Reaktion tritt häufig auf, wenn die Beziehung bereits vorbelastet ist, Vertrauen fehlt oder keine Möglichkeit zur konstruktiven Konfliktlösung besteht.

> **Vernachlässigungs- und Zerstörungs-Reaktion**
>
> Lisa Meier ist frustriert über die ausbleibende Beförderung trotz ihrer guten Leistungen. Daraufhin reduziert sie bewusst ihren Einsatz, verhält sich unkollegial und nimmt längere Pausen. Sie sieht keinen Anreiz für vorbildliches Verhalten, da sie ihre Bemühungen als nicht anerkannt empfindet. ◄

Exit – Passive und destruktive Reaktion: Die Exit-Reaktion ist passiv und destruktiv und beschreibt die Beendigung der Austauschbeziehung. Sie tritt häufig bei transaktionalen Verträgen, in kürzeren Arbeitsbeziehungen oder bei ausreichend vorhandenen Alternativen auf. Auch wiederholte erfolglose Reparaturversuche oder das Beobachten von Exit-Verhalten bei Kolleg:innen können diese Reaktion auslösen.

> **Exit-Reaktion**
>
> Die ausbleibende Beförderung trotz hoher Leistung überzeugt Lisa Meier, dass ihre Karriereziele bei der Innovatech AG nicht erreicht werden können. Sie entscheidet sich, das Unternehmen zu verlassen und eine neue berufliche Perspektive zu suchen. ◄

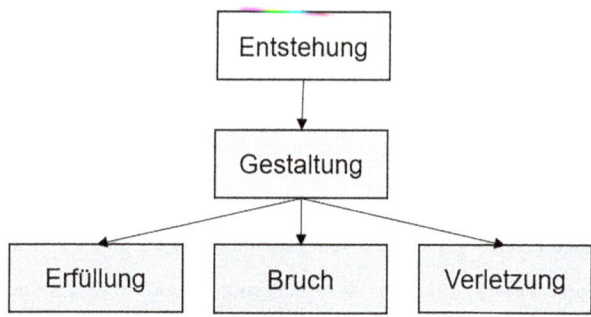

Abb. 3.3 Der psychologische Vertragsprozess

Die spezifische Reaktion hängt von Persönlichkeit, situationalen Einflüssen und der Beziehung zwischen den Parteien ab (Rousseau, 1995).

Die einzelnen Schritte des psychologischen Vertragsprozesses werden in Abb. 3.3 zusammenhängend dargestellt.

4 Der psychologische Vertrag und Führung – Stellenwert und Einflussfaktoren

Der psychologische Vertrag wird maßgeblich durch Führung geprägt – sowohl in seiner Entstehung als auch in seiner Entwicklung, Erfüllung oder Verletzung. Führungskräfte fungieren dabei als zentrale Vermittlungsinstanz zwischen organisationalen Erwartungen und individuellen Wahrnehmungen. Dieses Kapitel untersucht den Einfluss von Führung auf psychologische Vertragsbeziehungen entlang ihres gesamten Zyklus. Es wird ein Überblick über die Entwicklung der Führungsstile gegeben und auch neuere Konzepte wie authentische, beziehungs- oder empowerment-orientierte Führung analysiert. Einen besonderen Stellenwert nimmt das Full-Range-of-Leadership-Modell ein, das den transformationalen und transaktionalen Führungsansatz integriert und deren Wirkungen im Kontext psychologischer Verträge differenziert beschreibt.

Abschließend werden empirische Befunde zur Rolle transformationaler Führung bei Vertragsverletzungen vorgestellt – mit konkreten Implikationen für eine kontext- und beziehungsorientierte Führungspraxis.

4.1 Die Rolle von Führung im psychologischen Vertragsverhältnis

Begriffsdefinitionen und Relevanz

Im organisationalen Kontext kann „*Führung*" als ein Prozess verstanden werden, der dazu dient, „andere Menschen individuell und gezielt zu beeinflussen, zu motivieren und/oder in die Lage zu versetzen, zum Erreichen kollektiver Ziele in Organisationen beizutragen" (Kauffeld, 2019, S. 106).

Diese Definition verdeutlicht, dass Führungskräfte nicht nur Aufgaben delegieren, sondern durch ihr Verhalten und ihre Kommunikation die Wahrnehmung und Motivation ihrer Mitarbeitenden beeinflussen.

Die direkte Einflussnahme von Führungskräften auf Mitarbeitende erstreckt sich nicht nur auf deren Verhalten, sondern auch auf deren Wahrnehmung von Arbeitsbeziehungen und damit auch auf die Entstehung, Gestaltung und Erfüllung psychologischer Verträge.

Der Stellenwert der Führung im psychologischen Vertragsverhältnis wird auch durch eine Umfrage mit 1100 Mitarbeitenden und Führungskräften verdeutlicht: 34 % der Mitarbeitenden nannten die direkte Führungskraft als den wichtigsten Repräsentanten der Organisation im Rahmen des psychologischen Vertrags, während die Organisation insgesamt (23 %), die Unternehmensführung (22 %) und das eigene Team (19 %) geringere Relevanz hatten. Führungskräfte selbst nehmen ihre eigene Rolle in diesem Kontext noch ausgeprägter wahr: Rund 60 % der befragten Führungskräfte sehen sich als die zentrale Instanz im psychologischen Vertragsverhältnis (Hecker & Behrens, 2013).

Da der soziale Austausch für den psychologischen Vertrag entscheidend ist und die Führungskraft zwischen Organisation und Mitarbeitenden eine vermittelnde Rolle einnimmt, kann diese als Vertragspartner:in angesehen werden (Von der Oelsnitz & Staiger, 2017).

Einordnung in die Phasen des psychologischen Vertrags
Die Rolle der Führung variiert in den unterschiedlichen Phasen des psychologischen Vertrags.

Entstehung: Nach Rousseau (1995) beeinflussen Führungskräfte durch ihr Verhalten und ihre Kommunikation die Erwartungen der Mitarbeitenden. In der Klassifikation von Kels (2022) werden sie als wesentlicher organisationaler Einflussfaktor betrachtet.

Gestaltung: Führungskräfte beeinflussen aktiv die gegenseitigen Erwartungen und die Inhalte psychologischer Verträge, etwa durch Zielvereinbarungen oder Feedbackgespräche.

Erfüllung und Verletzung: Die Handlungen der Führungskraft spielen eine Rolle bei der Wahrnehmung, ob psychologische Verträge erfüllt oder verletzt werden. Dies kann positive wie auch negative Auswirkungen auf das Verhalten und die Einstellung der Mitarbeitenden haben.

Durch ihre vermittelnde Position zwischen Organisation und Mitarbeitenden kommt Führungskräften eine Schlüsselrolle in der Sicherstellung positiver Austauschbeziehungen zu.

Insgesamt zeigt die Entwicklung der Führungsstile, dass neuere Führung durch eine stärkere Ausrichtung auf Kooperation, Werteorientierung und individuelle Förderung geprägt ist.

Im Folgenden wird zunächst die historische Entwicklung zentraler Führungsstile skizziert, bevor deren Einfluss auf die Ausgestaltung und Wahrnehmung psychologischer Verträge vertiefend analysiert wird.

4.2 Wirkungsweisen von Führungsstilen im psychologischen Vertragsverhältnis

Der Begriff »Führungsstil« bezeichnet ein relativ stabiles Verhaltensmuster, das die Führungskraft in Interaktion mit ihren Mitarbeitenden unabhängig von der Situation zeigt (Kauffeld, 2019, S. 111).

Überblick über die Entwicklung von Führungsstilen

Die Auseinandersetzung mit Führungsstilen hat sich im Laufe der letzten Jahrzehnte kontinuierlich weiterentwickelt und reflektiert die sich wandelnden Anforderungen moderner Arbeitswelten. In den 1960er-Jahren standen autoritäre und demokratische Ansätze im Fokus (Lewin, Lippitt & White, 1939), die u.a. durch klare Hierarchien, Kontrolle und zentralisierte Entscheidungsprozesse geprägt waren. In den 1980er-Jahren rückten situative und kontingenzbasierte Modelle in den Vordergrund, die betonten, dass Führungsverhalten an spezifische Kontextfaktoren angepasst werden muss (Fiedler, 1967; Hersey & Blanchard, 1982).

Mit der Einführung der transaktionalen und transformationalen Führung durch Burns (1978) und Bass (1985) setzte ein Paradigmenwechsel ein. Transaktionale Führung legt den Schwerpunkt auf Zielvereinbarungen und Belohnungssysteme, während transformationale Führung auf Inspiration, Vision und die langfristige Entwicklung der Mitarbeitenden abzielt. Diese Ansätze verdeutlichen, dass erfolgreiche Führung über die Delegation von Aufgaben hinausgeht und auch Werte und Sinn vermittelt.

In den 1990er-Jahren entwickelten Bass und Avolio (1997) das Full-Range-of-Leadership-Modell, das transformationale und transaktionale Ansätze integriert und zusätzlich den laissez-faire-Führungsstil berücksichtigt. Dieses Modell kombiniert rationale Austauschbeziehungen mit emotionalen und visionären Elementen und gilt als umfassender Ansatz moderner Führung (Abschn. 4.3).

Darüber hinaus haben sich weitere Führungsansätze etabliert. Der *mitarbeiterorientierte* Führungsstil konzentriert sich auf das Wohlbefinden und die Bedürfnisse der Mitarbeitenden, während der *aufgabenorientierte* Führungsstil die Zielerreichung durch klare Anweisungen und Kontrolle priorisiert (Nerdinger, 2019). Der *toxische* Führungsstil umfasst destruktive Verhaltensweisen, die die Motivation und Leistung der Mitarbeitenden beeinträchtigen. Im Gegensatz dazu basiert der *ethische* Führungsstil auf Integrität, Fairness und moralischem Handeln, während der *authentische* Führungsstil Transparenz und Glaubwürdigkeit als zentrale Prinzipien verfolgt (Brown et al., 2005).

Ein weiterer zentraler Ansatz ist der *beziehungsorientierte* Führungsstil, der den Aufbau und die Pflege vertrauensvoller Beziehungen zwischen Führungskräften und Mitarbeitenden in den Mittelpunkt stellt. Dieser Ansatz wird durch die Leader-Member-Exchange-Theorie (LMX) ergänzt, welche die Qualität der dyadischen Beziehung zwischen Führungskraft und Mitarbeitenden untersucht. Eine hohe LMX-Qualität zeichnet sich durch gegenseitiges Vertrauen, Respekt und Unterstützung aus, während eine niedrige LMX-Qualität oft Distanz und eine reduzierte Zusammenarbeit zur Folge hat (Graen & Uhl-Bien, 1995).

Agile Führungsansätze, die Flexibilität und Teamautonomie fördern, gewinnen in dynamischen Arbeitsumfeldern zunehmend an Bedeutung (Rigby et al., 2016). Ebenso betont der *empowerment-orientierte* Führungsstil die Stärkung von Kompetenzen und Entscheidungsfreude der Mitarbeitenden (Spreitzer, 1995; Schermuly, 2019).

Nachfolgend wird ein Überblick über die Rolle der Führungsstile und ihre Wirkung mit Bezug auf auf die einzelnen Phasen des psychologischen Vertrags skizziert und hierzu relevante Forschungsergebnisse vorgestellt.

Forschungsbefunde zur Rolle von Führungsstilen in den einzelnen Vertragsphasen
Entstehungsphase: Die Wirkungsweise von Führungsstilen auf psychologische Verträge ist vielfältig. Festing und Lessing (2006) beschreiben Führung als wesentlichen Einflussfaktor für die Entwicklung relationaler psychologischer Verträge.

Studien zeigen zudem, dass der Führungsstil sowohl transaktionale als auch relationale Verträge beeinflussen kann. So besteht ein positiver Zusammenhang zwischen transaktionaler Führung und beiden Vertragstypen (Jabeen et al., 2015). Ein authentischer Führungsstil wirkt sich insbesondere positiv auf relationale psychologische Verträge aus (Phuong & Takahashi, 2020).

Die Orientierung des Führungsverhaltens hat ebenfalls einen signifikanten Einfluss: Eine Studie von Agarwal et al. (2021) zeigt, dass eine hohe Mitarbeiter-

und Aufgabenorientierung zu einer Erfüllung und Vertiefung psychologischer Verträge beiträgt. Interessanterweise können auch niedrig ausgeprägte Mitarbeiter- und Aufgabenorientierungen relationale Verträge begünstigen, wenn diese durch spezifische organisatorische Rahmenbedingungen kompensiert werden.

Darüber hinaus beeinflusst der Führungsstil einer Person deren eigenen psychologischen Vertrag. Transformationale Führungskräfte tendieren zu relationalen Verträgen, während Führungskräfte mit einem neutralen Stil („neutral leaders" – ohne klare Dominanz eines transaktionalen oder transformationalen Ansatzes) eher transaktionale Verträge bevorzugen (Oorschot et al., 2021).

Gestaltungsphase: Neuere Führungsansätze wie der transformationale und der empowering Führungsstil haben sich als besonders einflussreich auf Gestaltung psychologische Verträge erwiesen. Transformationale Führungskräfte zeichnen sich durch visionäres Denken, die Förderung individueller Stärken und die Vermittlung gemeinsamer Werte aus. Diese Eigenschaften stärken nicht nur das Vertrauen der Mitarbeitenden, sondern fördern auch deren Veränderungsbereitschaft und Engagement (Otto & Scheel, 2020).

Dialogbasierte Führungsinstrumente wie regelmäßige Feedbackgespräche oder Zielvereinbarungen sind essenziell, um implizite Erwartungen explizit zu machen und psychologische Verträge aktiv zu gestalten (Hecker & Behrens, 2013). Eine offene und transparente Kommunikation sowie die Wahrnehmung von prozeduraler und interaktionaler Fairness sind dabei entscheidend (Rigotti, 2009).

Vertragserfüllung: Empowering und transformationale Führungsstile fördern die Vertragserfüllung (Wu & Chen, 2015; Syrek & Antoni, 2017). Ethische Führung fördert sowohl das freiwillige arbeitsbezogene Zusatzverhalten (Organizational Citizenship Behavior, OCB) als auch die Loyalität der Mitarbeitenden, wobei die wahrgenommene Vertragserfüllung eine vermittelnde Rolle einnimmt (Ahmad et al., 2018).

Interessanterweise hängt die Wahrnehmung der Vertragserfüllung auch davon ab, wie Führungskräfte ihre Bestätigung gegenüber Mitarbeitenden verteilen. Wenn einzelne Mitarbeitende das Gefühl haben, weniger Bestätigung als Kolleg:innen zu erhalten, kann dies die wahrgenommene Vertragserfüllung mindern (Li et al., 2014).

Vertragsbruch und -verletzung *Voice-Reaktionen:* Studien zeigen, dass ein empowering Führungsstil destruktive Formen der Voice-Reaktion reduzieren kann, während ein transformationaler Stil in bestimmten Kontexten destruktive Reaktionen verstärken kann (Botha & Steyn, 2023). Untersuchungenr anhand der Leader-Member-Exchange (LMX)Theorie zeigen auch, dass eine enge Beziehung zwischen den Parteien die Wahrscheinlichkeit reduziert, dass Mitarbeitende eine Voice-Reaktion als Folge eines Vertragsbruches zeigen (Hussain & Anwar, 2020) und dass vor allem aggressives (wenig konstruktiv und ohne Berücksichtigung der Konsequenzen) Voice-Verhalten reduziert werden kann (Ng et al., 2014).

Loyalität/Stille: Ein ethisches Klima reduziert duldendes Schweigen, während narzisstisches oder einschüchterndes Führungsverhalten diese Reaktion verstärkt (Khan et al., 2021).

Vernachlässigung/Zerstörung: Eine qualitativ hohe Beziehung zur Führungskraft kann destruktive Reaktionen wie kontraproduktives Verhalten abschwächen, allerdings nicht in allen Fällen. Mitarbeitende mit einem starken Karrierefokus auf das Unternehmen zeigen bei enttäuschten Erwartungen ein höheres Risiko für destruktive Reaktionen (Griep et al., 2016). Ebenfalls können toxische (Kayani & Alasan, 2021) und autoritäre Führung (Jian et al., 2017) kontraproduktives Verhalten fördern.

Exit: Transformationale und ethische Führung können die Kündigungsabsicht durch die Stärkung der Beziehungsqualität und die Reduktion der Wahrnehmung von Vertragsverletzungen senken (Chen & Wu, 2017; Li et al., 2022).

Abb. 4.1 stellt die Forschungsbefunde im Überblick dar.

4.3 Fokus: New Leadership – neuere Führungsansätze

Zahlreiche empirische Befunde und konzeptionelle Entwicklungen belegen einen Wandel im Führungsverständnis hin zu einem stärker partizipativen und werteorientierten Ansatz. Moderne Führung zielt darauf ab, sowohl die individuellen Bedürfnisse der Mitarbeitenden als auch die langfristigen Ziele der Organisation zu integrieren.

Parallel dazu ist die Arbeitswelt durch tiefgreifende Veränderungsprozesse geprägt – Stichworte wie VUCA (Volatilität, Unsicherheit, Komplexität und Ambiguität) und New Work verweisen auf die gestiegene Bedeutung von Anpassungsfähigkeit, Flexibilität und proaktivem Engagement aufseiten von Führungskräften wie Mitarbeitenden.

4.2 Wirkungsweisen von Führungsstilen im psychologischen ...

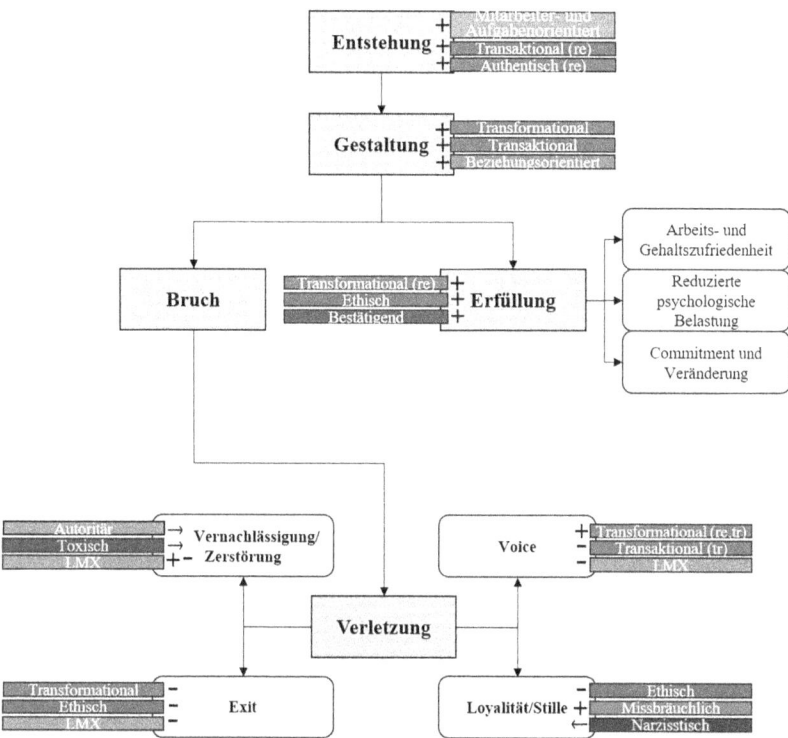

Abb. 4.1 Der psychologische Vertragsprozess und der Einfluss von Führung

Vor dem Hintergrund dieser strukturellen und kulturellen Transformationen erfolgt im Folgenden eine vertiefende Betrachtung der transaktionalen und transformationalen Führung.

Transformationale und transaktionale Führung
Der transformationale Führungsstil wurde erstmals von James MacGregor Burns beschrieben und 1978 zusammen mit dem transaktionalen Führungsstil eingeführt (Bass, 1999). Bernard M. Bass übertrug und erweiterte das Konzept auf Organisationen und machte es zu einem zentralen Ansatz moderner Führungstheorien (Heyna & Fittkau, 2021). Im Kern beschreibt transformationale Führung einen Prozess, bei dem Führungskräfte die Ziele, Werte und Einstellungen ihrer

Mitarbeitenden positiv verändern, um sie für gemeinsame Visionen und höhere Ideale zu gewinnen (von Au, 2016; Nerdinger, 2019).

Transformationales Führungsverhalten umfasst vier zentrale Dimensionen (Bass & Avolio, 1990; Avolio & Bass, 2002):

Individualisierte Berücksichtigung: Führungskräfte berücksichtigen die individuellen Entwicklungsbedürfnisse ihrer Mitarbeitenden, agieren als Coach und fördern persönliche Weiterentwicklung. Dies schließt den Aufbau einer vertrauensvollen Beziehung und personalisierte Förderung ein.

Intellektuelle Anregung: Mitarbeitende werden ermutigt, kreative Lösungen zu entwickeln, bestehende Annahmen zu hinterfragen und neue Perspektiven einzunehmen. Dieser Ansatz fördert Innovation und Eigeninitiative, auch wenn die Ideen den Vorstellungen der Führungskraft widersprechen.

Inspirierende Motivation: Führungskräfte vermitteln eine motivierende Vision und strahlen Optimismus sowie Enthusiasmus aus. Sie schaffen Sinn in der Arbeit und regen Mitarbeitende an, aktiv an der Gestaltung der gemeinsamen Zukunft mitzuwirken.

Idealisierter Einfluss: Führungskräfte agieren als moralische und vertrauensvolle Vorbilder. Ihr Verhalten vermittelt Integrität und schafft ein hohes Maß an Identifikation und Respekt seitens der Mitarbeitenden.

Neben diesen vier Dimensionen identifizieren andere Autor:innen weitere relevante Verhaltensweisen, wie z. B. die Förderung von Gruppenzielen, die Vermittlung von Visionen oder die Stärkung von Empowerment (Podsakoff et al., 1990; Carless et al., 2000).

Der transformationale Führungsstil ergänzt den transaktionalen Ansatz, der auf einer rationalen Austauschbeziehung zwischen Führungskraft und Mitarbeitenden basiert.

Transaktionale Führung umfasst zwei Hauptdimensionen (Avolio & Bass, 2002):

Bedingte Belohnung (Contingent Reward): Klare Zielvereinbarungen werden getroffen und mit spezifischen Anreizen oder Belohnungen verknüpft.

Führen nach dem Ausnahmeprinzip (Managment by Exception): Führungskräfte greifen entweder aktiv korrigierend ein, wenn Abweichungen von Zielvor-

4.3 Fokus: New Leadership – neuere Führungsansätze

gaben auftreten, oder reagieren erst bei auftretenden Problemen (Heyna & Fittkau, 2021).

Während transaktionale Führung auf den unmittelbaren Eigeninteressen der Mitarbeitenden aufbaut, zielt transformationale Führung darauf ab, diese Interessen zu überwinden und eine langfristige Identifikation mit übergeordneten Zielen und Werten zu schaffen. Studien zeigen, dass beide Ansätze sich ergänzen und in Kombination effektiv wirken können (Nerdinger, 2019, S. 103).

„Mittels einer Kombination aus transaktionaler und transformationaler Führung wird zudem ein Zusatzeffekt erzielt, der einen Führungserfolg über das gemeinhin zu erwartende Maß bei einer rein transaktionalen Führung hinaus bewirkt." (Weibler 2016, S. 344) (Abb. 4.2).

Transformationale Führung leistet einen zusätzlichen Beitrag zur Vorhersage von Führungserfolg über die Effekte transaktionaler Führung hinaus („*Augmentationseffekt*").

Praxisrelevanz für moderne Führungskräfte
Transformationales Führungsverhalten ist besonders in dynamischen und anspruchsvollen Kontexten von hoher Relevanz. Durch die Förderung von intellektueller Anregung, Ver-

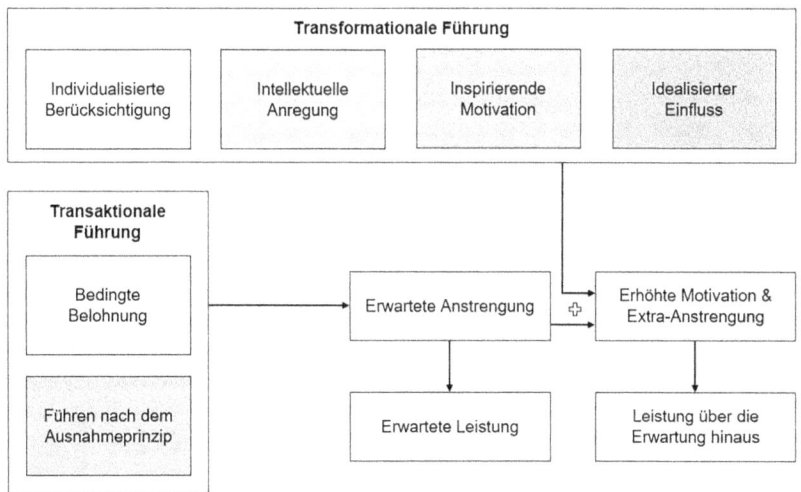

Abb. 4.2 Transaktionale und transformationale Führung: Übersicht und Zusammenwirken. (Eigene Darstellung, in Anlehnung an: Neuberger, 2002)

trauen und Sinnhaftigkeit im Arbeitsalltag können Führungskräfte nicht nur die individuelle Entwicklung ihrer Mitarbeitenden, sondern auch die langfristige Bindung an die Organisation stärken. Die Verknüpfung mit transaktionalen Elementen, wie klarer Zielsetzung und Anerkennung, bietet eine praktikable und wirksame Ergänzung für den Führungserfolg.

Das Full-Range-of-Leadership-Modell

Das von Bass und Avolio entwickelte Full-Range-of-Leadership-Modell (Abb. 4.3) integriert transformationale und transaktionale Führung sowie den laissez-faire-Führungsstil, der die Abwesenheit von Führung beschreibt (Avolio & Bass, 2002). Effektive Führung erfordert eine optimale Balance: Transformationale Führung sollte dominieren, während transaktionale Ansätze situativ unterstützend wirken. Laissez-faire-Verhalten sollte auf ein Minimum reduziert werden.

Das Modell wird durch zahlreiche Studien gestützt, die die Effektivität transformationaler Führung auf Mitarbeitendenzufriedenheit, Motivation, Teamleistung und Organisationserfolg belegen (Bass & Avolio, 2002, S. 4 f.).

Eine Metaanalyse von Judge und Piccolo (2004) zeigt, dass transformationale Führung sowohl mit der Zufriedenheit mit der Führungskraft als auch mit der wahrgenommenen Führungseffektivität stark korreliert, während die bedingte

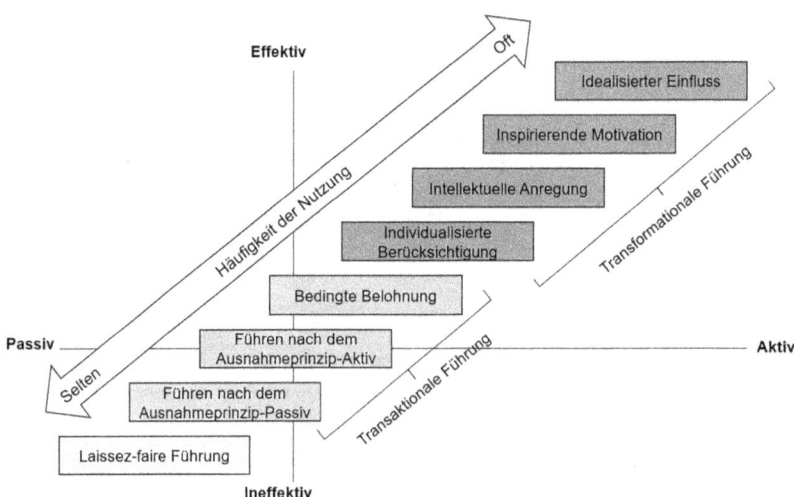

Abb. 4.3 Das Full-Range-of-Leadership-Modell. (Eigene Darstellung, in Anlehnung an: Furtner & Baldegger, 2023)

Belohnung (Contingent Reward) ebenfalls bedeutsame Zusammenhänge zur Arbeitszufriedenheit und zur Führungsleistung aufweist. Dieser Befund stützt den beschriebenen Augmentationseffekt (Bass, 1985), dem zufolge transformationale Führung über die Wirkung transaktionaler Elemente wie der bedingten Belohnung hinaus zusätzliche positive Effekte auf zentrale Führungskriterien entfaltet.

4.4 Transformationale Führung im Spannungsfeld psychologischer Vertragsverletzungen

In Zeiten wachsender Wechselbereitschaft unter Beschäftigten rückt eine zentrale Frage in den Vordergrund: Wie reagieren Mitarbeitende auf enttäuschte Erwartungen – und welche Rolle spielt Führung dabei?

Eine aktuelle Studie geht dieser Frage empirisch nach – mit Fokus auf die psychologische Vertragsverletzung und den Einfluss transformationaler Führung auf Mitarbeitendenverhalten.

Ausgangspunkt: Vertragsverletzungen im Führungsalltag
Psychologische Verträge prägen die unausgesprochenen Erwartungen in der Beziehung zwischen Mitarbeitenden und Organisation. Werden diese Erwartungen enttäuscht – etwa durch unterlassene Entwicklungsperspektiven oder gebrochene Versprechen –, kann dies kontraproduktives Verhalten oder sogar die Kündigung zur Folge haben. Dabei steht die Führungskraft als zentrale Bezugs- und Vertrauensperson besonders im Fokus. Doch: Wie genau beeinflusst Führung die Reaktion auf solche Verletzungen?

Diese Frage wurde in einer quantitativen Studie aus dem Jahr 2023 untersucht, die den Einfluss transformationaler Führung auf die Reaktionen von Mitarbeitenden nach einer psychologischen Vertragsverletzung analysiert (Müller & Preusser, 2024).

Die Untersuchung zielte darauf, zwei Wirkmechanismen zu überprüfen:

Enttäuschungswirkung: Führungsverhalten kann bei emotionalen, vertrauensbasierten Vertragsverletzungen (relational) wie ein Verstärker wirken – weil die Enttäuschung über „vertrauenswürdige" Führung besonders tief geht.

Buffereffekt: Bei eher sachlich geprägten Vertragsverletzungen (transaktional) kann transformationale Führung dagegen ein Schutzfaktor sein – indem sie emotionale Bindung aufbaut, Sinn stiftet und Kündigungsimpulse abschwächt.

Die Daten wurden über einen Onlinefragebogen mit 243 berufstätigen Personen erhoben. Analysiert wurden u. a.:

- Art der Vertragsverletzung (relational vs. transaktional),
- Ausprägung transformationaler Führung (z. B. individuelle Ansprache, visionäre Kommunikation),
- Reaktionsformen in Form von kontraproduktivem Verhalten sowie Kündigungsabsicht.

Die Hypothesenprüfung erfolgte mittels Moderationsanalysen, um Interaktionseffekte zwischen Vertragsverletzung und Führungsverhalten sichtbar zu machen.

Kernergebnisse

(1) Keine Verstärkung kontraproduktiven Verhaltens bei relationaler Vertragsverletzung

Entgegen der theoretischen Annahme einer verstärkenden Enttäuschungswirkung zeigte sich kein signifikanter Effekt zwischen transformationaler Führung und kontraproduktivem Verhalten im Zusammenhang mit relationalen Vertragsverletzungen.

Zwar bestand ein schwacher Zusammenhang zwischen relationalen Vertragsverletzungen und interpersonalem kontraproduktivem Verhalten doch war die Führung hierbei kein signifikanter Verstärker.

Ein möglicher Erklärungsansatz liegt darin, dass Mitarbeitende im relationalen Kontext zunächst andere Reaktionsformen wie Voice oder Stille/Loyalität bevorzugen, bevor destruktives Verhalten gegenüber der Organisation oder Koleg:innen auftritt. Auch Verzeihensprozesse oder das Abwarten einer Klärung könnten dazu beitragen, dass die vermutete Enttäuschungsdynamik nicht in kontraproduktives Verhalten überführt wird.

(2) Signifikanter Buffereffekt bei transaktionaler Vertragsverletzung und Kündigungsabsicht

Bei transaktionalen Vertragsverletzungen, die typischerweise einen ökonomisch-rationalen Charakter aufweisen, zeigte sich eine signifikante Wirkung transformationaler Führung auf die Kündigungsabsicht.

Konkret zeigte sich: Je höher die Ausprägung transformationaler Führung, desto geringer war der Zusammenhang zwischen Vertragsverletzung und

4.4 Transformationale Führung im Spannungsfeld psychologischer ...

Kündigungsintention. Die Kündigungsabsicht war bei geringer Führungsausprägung deutlich höher, während sie bei hoher Ausprägung deutlich reduziert war. Diese Pufferwirkung lässt sich dahingehend interpretieren, dass transformationale Führung emotionale Bindung auch dort schaffen kann, wo zunächst nur sachlich-funktionale Erwartungen bestanden. Aspekte wie die Vermittlung einer gemeinsamen Vision, individuelle Wertschätzung und Integrität wirken dem Impuls entgegen, sich im Falle enttäuschter Erwartungen aus der Organisation zurückzuziehen.

Implikationen für die Führungspraxis
Die Ergebnisse unterstreichen die Kontextabhängigkeit von Führungserfolg. Transformationale Führung ist kein Allheilmittel – aber dort, wo Verträge eher sachlich-ökonomisch geprägt sind, kann sie eine wichtige Brücke zur emotionalen Bindung schlagen und so Fluktuation wirksam reduzieren.

Führungskräfte sollten sich ihrer Rolle im psychologischen Vertragsgeschehen bewusst sein. Erwartungsklärung, glaubwürdige Kommunikation und empathisches Führungsverhalten können helfen, Vertragsverletzungen vorzubeugen oder ihre Folgen abzumildern – insbesondere, wenn rationale Austauschbeziehungen in emotionale eingebettet werden.

Fazit: Die Studie zeigt: Führung kann nicht alle Vertragsverletzungen verhindern – aber sie kann deren Wirkung gezielt beeinflussen. Insbesondere in ökonomisch geprägten Beziehungen bietet der transformationale Führungsstil ein wirksames Mittel, um emotionale Stabilität zu fördern, Bindung aufzubauen und Kündigungen vorzubeugen.

5 Psychologische Verträge aktiv gestalten – Handlungsansätze für Führung und Organisation

Dieses Kapitel zeigt, wie psychologische Verträge im Führungsalltag aktiv gestaltet werden können. Im Zentrum stehen praxisorientierte Handlungsansätze für Führung und Organisation - etwa zur Erwartungsklärung, zum Umgang mit Vertragsverletzungen und zur Stärkung von Vertrauen und Fairness. Anhand konkreter Beispiele wird veranschaulicht, wie Führungskräfte durch Kommunikation, Beziehungsgestaltung und Feedback Einfluss auf psychologische Vertragsprozesse nehmen können. Ergänzend werden die Wirkungen verschiedener Führungsstile auf Vertragsqualität und Mitarbeitendenbindung beleuchtet – mit einem besonderen Fokus u. a. auf transformationale und empowerment-orientierte Ansätze. Ziel ist es, Führung in ihrer Verantwortung als zentrale Instanz psychologischer Vertragsgestaltung zu stärken und Impulse für die praktische Umsetzung im Führungsalltag zu geben.

5.1 Relevanz: Warum psychologische Verträge ein zentrales Führungsthema sind

Psychologische Verträge – verstanden als subjektiv wahrgenommene Erwartungen an das Verhalten und die Fairness der Organisation – prägen Arbeitsbeziehungen auf subtile, aber wirkungsvolle Weise. Sie entstehen nicht durch formale Verträge, sondern durch Kommunikation, Führungshandeln, Routinen und soziale Signale (Rousseau, 1989; Raeder & Grote, 2012).

Besonders im Kontext sich wandelnder Arbeitsrealitäten – Stichworte: Agilität, Unsicherheit, Fachkräftemangel – gewinnen psychologische Verträge an Bedeutung. Sie beeinflussen nicht nur Bindung und Motivation, sondern auch Resilienz, Veränderungsbereitschaft und Innovationsverhalten von Mitarbeitenden (Kels, 2022). Führungskräfte sind dabei zentrale Akteur:innen. Sie wirken nicht nur als operative Entscheider:innen, sondern auch als Repräsentant:innen der Organisation – und damit als primäre Vertragspartner:innen auf psychologischer Ebene (Hecker & Behrens, 2013).

5.2 Grundprinzipien: Wie Führung psychologische Verträge beeinflusst

Führung beeinflusst psychologische Verträge auf drei Ebenen:

- **Kommunikative Ebene:** Führungskräfte senden durch Aussagen, Gesten, Entscheidungen und Schweigen kontinuierlich Signale, die Erwartungen erzeugen oder bestätigen.
- **Beziehungsebene:** Die Qualität der dyadischen Beziehung – geprägt durch Vertrauen, Gerechtigkeit und Anerkennung – entscheidet über die Deutung dieser Signale (LMX-Theorie) (Graen & Uhl-Bien, 1995).
- **Strukturelle Ebene:** Führungsverhalten prägt die erlebte Kultur: Wie wird mit Fehlern umgegangen? Welche Werte sind wirklich leitend? Was wird belohnt, was übersehen?

Psychologische Verträge entstehen und verändern sich nicht punktuell, sondern in einem dynamischen Prozess – etwa durch Bewerbungs- und Onboardinggespräche, Leistungsbeurteilungen oder unterlassene Rückmeldungen. Sie sind beeinflussbar – aber nicht vollständig steuerbar.

5.3 Handlungsfelder: Was Führungskräfte konkret tun können

Erwartungsklärung und Kommunikationsdesign
Warum es entscheidend ist: Viele psychologische Vertragsverletzungen entstehen nicht durch böse Absicht, sondern durch unklare oder widersprüchliche Kommunikation. Vage Aussagen, implizite Zusagen oder unausgesprochene Annahmen führen zu Fehlinterpretationen – insbesondere bei neuen Mitarbeitenden.

5.3 Handlungsfelder: Was Führungskräfte konkret tun können

Empfehlungen für Führungskräfte:

- Nutzen Sie strukturierte Entwicklungsgespräche zur Klärung beiderseitiger Erwartungen.
- Kommunizieren Sie Karriere- und Entwicklungsperspektiven realistisch – mit Bedingungen und Zeitrahmen.
- Überprüfen Sie regelmäßig, ob Erwartungen sich verändert haben.
- Vermeiden Sie vage Aussagen wie „Da geht bestimmt bald etwas" – formulieren Sie konkret: „Nach dem Projektabschluss im Q4 könnten wir prüfen, ob…".

Klare Kommunikation als Vertragsprävention

Formulierungen mit offenem Ausgang (z. B. *„eventuell"*, *„vielleicht"*) können starke Erwartungen erzeugen – vor allem, wenn sie emotional positiv gerahmt sind. Führungskräfte sollten zwischen *Möglichkeiten* und *Verbindlichkeiten* klar unterscheiden.

Entwicklungsgespräche als Vertragspflege

Julia Rodriguez, 39 Jahre alt, ist Bereichsleiterin in einem technologiegetriebenen Unternehmen mit wachstumsstarken Teams. Sie nutzt vierteljährliche Entwicklungsgespräche systematisch als Führungsinstrument zur aktiven Gestaltung psychologischer Verträge.

Vorgehen: In jedem Gespräch nimmt sich Julia eine Stunde Zeit, um gemeinsam mit dem Mitarbeitenden Erwartungen, Ziele und individuelle Entwicklungsmöglichkeiten zu reflektieren. Neben Leistungsfeedback geht es dabei auch um persönliche Werte, Rahmenbedingungen und wechselseitige Erwartungen. Die Gespräche orientieren sich an vier Dimensionen des transformationalen Führungsstils (Bass & Avolio, 1994):

Individualisierte Behandlung: Julia erkundigt sich gezielt nach Interessen, Belastungssituationen und Entwicklungsmotiven.

Inspirierende Motivation: Sie zeigt auf, wie individuelle Beiträge zum Unternehmenserfolg beitragen und vermittelt Zukunftsperspektiven.

Intellektuelle Anregung: Mitarbeitende werden aktiv eingeladen, Prozesse zu hinterfragen und neue Ideen einzubringen.

Idealisierter Einfluss: Julia lebt Werte wie Respekt, Transparenz und Verlässlichkeit vor – gerade auch bei schwierigen Themen.

Ergänzend etabliert sie in Teamrunden zwei wiederkehrende Elemente:
Erfolgsmomente: Mitarbeitende berichten über persönliche Highlights.

Lernmomente: Fehler oder Misserfolge werden sachlich analysiert, ohne Schuldzuweisungen.
Wissenschaftlicher Bezug: Solche Strukturen fördern die *gegenseitige Erwartungsklärung* (Raeder & Grote, 2012) und wirken als regelmäßige Updates des psychologischen Vertrags (Rousseau, 1995). Die Kombination aus individueller Zuwendung und gemeinsamer Reflexion schafft ein hohes Maß an *psychologischer Sicherheit* (Edmondson, 1999).
Ergebnis Das Vertrauen wächst, Eigenverantwortung wird gestärkt. Mitarbeitende erleben die Führungskraft als integrativ, entwicklungsorientiert und authentisch – was wiederum die Bindung an Organisation und Team fördert.

Vertrauen und Beziehungsqualität stärken

Warum es entscheidend ist: Vertrauen ist der emotionale Boden, auf dem psychologische Verträge entstehen, wachsen – und im Ernstfall auch repariert werden können. Es entsteht über Zeit, durch Kongruenz zwischen Worten und Taten, durch Zuverlässigkeit, aber auch durch Dialog- und Fehlerkultur.

Fehlt Vertrauen, werden selbst kleine Abweichungen als Brüche wahrgenommen. Ist Vertrauen vorhanden, können auch kritische Entwicklungen als Teil einer langfristigen Beziehung verarbeitet werden (Rousseau, 1995; Edmondson, 1999).

Empfehlungen für Führungskräfte:

- Seien Sie konsistent in Haltung und Verhalten – und erklären Sie Abweichungen transparent.
- Fördern Sie psychologische Sicherheit: Fehler dürfen angesprochen, Kritik geäußert werden.
- Zeigen Sie sich in relevanten Momenten persönlich – auch durch Zuhören, Anerkennen, Korrigieren.
- Pflegen Sie auch informelle Gespräche – Vertrauen entsteht nicht nur in Besprechungen.

Psychologische Sicherheit – der Schutzraum für Entwicklung

Psychologische Sicherheit entsteht, wenn Mitarbeitende keine Angst haben, sich zu äußern, Fehler einzugestehen oder kritische Fragen zu stellen (Edmondson, 1999, 2018). Führung prägt diesen Raum – durch Verhalten, Reaktionen und Routinen.

Vertrauen durch authentische Entwicklungsgespräche

Kontext: Eine hoch engagierte Mitarbeiterin verließ das Unternehmen, nachdem eine angekündigte Entwicklungsperspektive nicht realisiert wurde. Julia hatte das Potenzial der Mitarbeiterin betont, jedoch nicht klar gemacht, dass die Umsetzung an Voraussetzungen gebunden war.

Kritischer Punkt: Im Sinne Rousseaus (1989) entstand eine *implizite Erwartung*, die durch Organisational Messages (z. B. vage formulierte Andeutungen) gestützt wurde – ohne dass dies als vorläufig oder bedingt kommuniziert wurde.

Lerneffekt: Julia reflektierte ihr Führungsverhalten kritisch. Heute kommuniziert sie Entwicklungsmöglichkeiten kontextbezogen, transparent und realistisch:

- Sie unterscheidet zwischen langfristigen Entwicklungsideen und kurzfristig realisierbaren Schritten.
- Sie benennt Bedingungen (z. B. Projektverantwortung, Führungsnachwuchspool, Fluktuation) explizit.
- Statt Versprechungen zu machen, formuliert sie hypothetische Szenarien mit klaren Prüfmarken.

Beispielhafte Formulierung: „Eine Teamleitungsfunktion wäre im kommenden Jahr denkbar – vorausgesetzt, du sammelst in den nächsten sechs Monaten Projektleitungserfahrung und eine passende Stelle wird vakant."

Wissenschaftlicher Bezug: Durch *präzise Kommunikation* (Kels, 2022) und die *Klarstellung organisationaler Botschaften* lassen sich Fehldeutungen vermeiden – ein entscheidender Schritt zur Vermeidung späterer Vertragsverletzungen.

Ergebnis: Julias Team empfindet sie heute als glaubwürdig und verlässlich. Auch kritische Themen wie Nichtbeförderung oder Zielverschiebung werden als nachvollziehbar erlebt, da sie ehrlich und frühzeitig angesprochen werden. ◄

Anerkennung, Feedback und Fairness
Warum es entscheidend ist: Psychologische Verträge enthalten nicht nur Aufgaben und Aufstiegsmöglichkeiten, sondern auch Erwartungen an Wertschätzung und Gerechtigkeit. Die Art, wie Führung Feedback gibt, beeinflusst das Commitment entscheidend – vor allem, wenn es als ungerecht erlebt wird (Colquitt, 2001).

Empfehlungen für Führungskräfte:

- Geben Sie Feedback differenziert – nicht „gleich", sondern „gerecht".
- Passen Sie Lob und Kritik an die individuelle Motivlage an (intrinsisch vs. extrinsisch).
- Achten Sie auf Transparenz in Leistungskriterien – und vermeiden Sie bevorzugte Behandlung.
- Fördern Sie gegenseitige Anerkennung im Team – nicht nur Top-down-Feedback.

Gerechtigkeit ist kein Gleichmaß
Gleichbehandlung erzeugt nicht immer Fairness. Mitarbeitende haben unterschiedliche Bedürfnisse – eine individualisierte, konsistente Feedbackpraxis stärkt wahrgenommene Gerechtigkeit (Colquitt, 2001) und Vertrauen (Li et al., 2014).

Feedback individuell gestalten

Kontext: Julia führt ein diverses Team mit unterschiedlichen Motivlagen. Sie beobachtet, dass die Wirkung von Feedback nicht nur vom Inhalt, sondern stark von der Art der Ansprache abhängt.

Vorgehen: Julia passt ihr Feedbackverhalten an – differenziert nach dem Motivationsprofil der Mitarbeitenden (Deci & Ryan, 2000):

- Mitarbeitende mit starker extrinsischer Orientierung (z. B. Anerkennung, Status) erhalten öffentliches Lob in Teammeetings.
- Mitarbeitende mit hoher intrinsischer Motivation werden im Vier-Augen-Gespräch wertgeschätzt – mit Fokus auf Inhalt, Tiefe und persönliche Entwicklung.

Zentrale Führungsprinzipien:

- Feedback ist regelmäßig, aber nicht schematisch.
- Kritik erfolgt sachlich, ohne Generalisierungen.
- Wertschätzung ist echt und differenziert, nicht floskelhaft.
- Alle erhalten Feedback – niemand wird übersehen.

Wissenschaftlicher Bezug: Die *Wahrnehmung von Fairness* (Organisational Justice) (Colquitt, 2001) und *individuelle Passung* stärken das Gefühl, gesehen

5.3 Handlungsfelder: Was Führungskräfte konkret tun können

und respektiert zu werden. Gleichzeitig wird durch geregelte Rückmeldestrukturen die *Vergleichsdynamik im Team* entschärft (Li et al., 2014).

Ergebnis: Das Team entwickelt eine Kultur der Anerkennung ohne Konkurrenzdruck. Führung wird nicht als gleichmachend, sondern als gerecht und individuell fördernd erlebt. ◄

Umgang mit Vertragsverletzungen
Warum es entscheidend ist: Psychologische Vertragsverletzungen lassen sich nicht vollständig vermeiden. Umso wichtiger ist, wie darauf reagiert wird. Studien zeigen: Die negativen Effekte einer Verletzung – etwa auf Commitment, Wohlbefinden oder Leistung – sind deutlich stärker als die positiven Effekte einer Vertragserfüllung (Conway et al., 2011).

Typische Auslöser:

- nicht eingehaltene implizite Zusagen
- mangelnde Kommunikation bei Veränderung
- Wahrnehmung von Ungleichbehandlung
- fehlendes Feedback in kritischen Phasen

Empfehlungen für Führungskräfte:

- Nehmen Sie emotionale Reaktionen ernst – auch wenn sie aus Ihrer Sicht unbegründet scheinen.
- Hören Sie aktiv zu und lassen Sie Enttäuschung zu.
- Erklären Sie Entscheidungen transparent und übernehmen Sie Verantwortung für Kommunikation.
- Bieten Sie realistische Entwicklungsperspektiven an – wenn möglich, konkretisieren Sie nächste Schritte.
- Reflektieren Sie das eigene Kommunikationsverhalten und suchen Sie ggf. eine Re-Negotiation (erneute Aushandlung der Vereinbarungen).

Was bei Vertragsverletzungen wirkt
Die Reaktion der Führungskraft kann den Unterschied machen: Voice fördern statt Rückzug provozieren, Zuhören statt Verteidigung, Erklärung statt Schweigen. Die Beziehung entscheidet, ob ein Bruch verhandelt oder vertieft wird (Rousseau, 1995).

> **Vertragsverletzung konstruktiv bearbeiten**
>
> **Kontext:** Tobias, erfahrener Mitarbeiter, ist enttäuscht, weil er bei der Vergabe einer Projektleitung nicht berücksichtigt wurde. Er zieht sich spürbar zurück. Julia vermutet eine *Verletzung des psychologischen Vertrags* – ausgelöst durch frühere Aussagen, die Tobias als implizite Zusage interpretiert hat.
> **Vorgehen:** Julia führt ein bewusst strukturiertes Gespräch:
>
> 1. Raum geben: Tobias darf seine Perspektive schildern – ohne Bewertung.
> 2. Verständnis zeigen: Julia signalisiert Empathie für die Enttäuschung.
> 3. Erklärung liefern: Entscheidungskriterien und Einflussfaktoren werden transparent erläutert.
> 4. Verantwortung übernehmen: Kommunikationslücken werden anerkannt.
> 5. Neue Perspektiven entwickeln: Tobias wird eine alternative Entwicklungsperspektive angeboten.
>
> **Wissenschaftlicher Bezug:** Ein solcher Umgang entspricht der konstruktiven Bearbeitung einer Vertragsverletzung (Morrison & Robinson, 1997). Ein transformationaler Führungsansatz (Bass & Avolio, 1990; Kap. 4.4) sowie die Qualität der Beziehung (LMX) (Graen & Uhl-Bien, 1995) wirkt dabei als Puffer gegen emotionale Eskalation.
> **Ergebnis:** Tobias fühlt sich ernst genommen, die emotionale Spannung wird reduziert. Die Führungskraft signalisiert: Der Vertrag ist verhandelbar, nicht gebrochen. Diese Form der *nachträglichen Aushandlung* erhält die psychologische Bindung. ◄

Führungsstile im Fokus
Warum es entscheidend ist: Führungsstile wirken nicht nur auf Motivation, sondern auch auf die Entstehung, Erfüllung und Verletzung psychologischer Verträge. Dabei ist nicht „der eine" Stil entscheidend – sondern die situative Passung zwischen Person, Kontext und Führungsverhalten (Tab. 5.1).

Besonders die Kombination aus **transformationale Führung** und **ethischer Haltung** zeigt positive Effekte: Mitarbeitende erleben Sinn, Sicherheit und Gerechtigkeit – auch bei kritischen Entscheidungen.

> **Stilvielfalt bewusst einsetzen**
>
> Julia nutzt Führungsstile gezielt: Neue Teammitglieder begleitet sie eng und gibt klare Orientierung (unterstützend). In Entscheidungssituationen fördert sie aktive Beteiligung und holt unterschiedliche Perspektiven ein (partizipativ). Bei strategischen Themen setzt sie auf inspirierende Kommunikation und

zeigt klare Ziele auf (transformational). Ihr Führungsstil ist kein Schema, sondern Werkzeug – bewusst eingesetzt, abhängig von Situation, Person und Ziel.

5.4 Ausblick: Wie gelingt Führungsverantwortung in dynamischen Arbeitswelten

Psychologische Verträge sind keine statischen Gebilde – sie verändern sich mit den Rahmenbedingungen, der Beziehung und der organisationalen Realität. In Zeiten tiefgreifender Transformation, hybrider Arbeitsmodelle, zunehmender Unsicherheit und wachsendem Wunsch nach Sinn wird ihre Bedeutung noch größer.

Für Führung bedeutet das:

Stärkerer Dialog: Führungskräfte müssen Erwartungen nicht nur vermitteln, sondern auch *verstehen und verhandeln.*

Selbstreflexion: Führungspersonen gestalten psychologische Verträge nicht nur über Inhalte, sondern auch über ihr Vorbildverhalten.

Systemisches Denken: Führung kann psychologische Verträge gestalten – aber nicht allein absichern. Organisationen brauchen eine Kultur, in der Klarheit, Wertschätzung und Entwicklung strukturell verankert sind.

Die Zukunft der Führung liegt nicht in immer mehr Kontrolle, sondern in Verbindlichkeit ohne Starrheit. Wer psychologische Verträge aktiv gestaltet, stärkt nicht nur Bindung und Motivation – sondern auch Resilienz, Vertrauen und Innovationsfähigkeit.

Tab. 5.1 Wissenschaftlich belegte Zusammenhänge

Führungsstil	Wirkung auf psychologische Verträge
Transformational Leadership	Fördert Vertragserfüllung, Vertrauen, Engagement
Empowering Leadership	Stärkt Eigenverantwortung, fördert Selbstklärung von Erwartungen
Ethical Leadership	Wirkt präventiv gegen Vertragsverletzungen
Autoritärer Stil	Reduziert Offenheit, erhöht Misstrauen
Narzisstisch oder toxisch	Destabilisiert psychologische Verträge langfristig

Eigene Darstellung

Kapitelzusammenfassung

Psychologische Verträge sind zentrale, aber oft unbeachtete Steuerungsmechanismen in Arbeitsbeziehungen. Sie entstehen aus Kommunikation, Beziehungserfahrungen und organisationalen Signalen – und sie wirken unmittelbar auf Motivation, Engagement und Bindung.
Führungskräfte sind Schlüsselfiguren (Abb. 5.1): Sie prägen die Inhalte, die Wahrnehmung und die Stabilität psychologischer Verträge – durch ihr Verhalten, ihre Sprache und ihre Haltung. Zentral ist dabei:

- Erwartungen regelmäßig klären
- Kommunikation ehrlich und differenziert gestalten
- Vertrauen und psychologische Sicherheit fördern
- individuelle Anerkennung geben
- bei Vertragsverletzungen konstruktiv und transparent reagieren
- den Führungsstil reflektiert und situationssensibel einsetzen

Psychologische Verträge sind kein Randthema. Sie sind das, was zwischen Menschen und Organisationen hält – oder sie trennt.

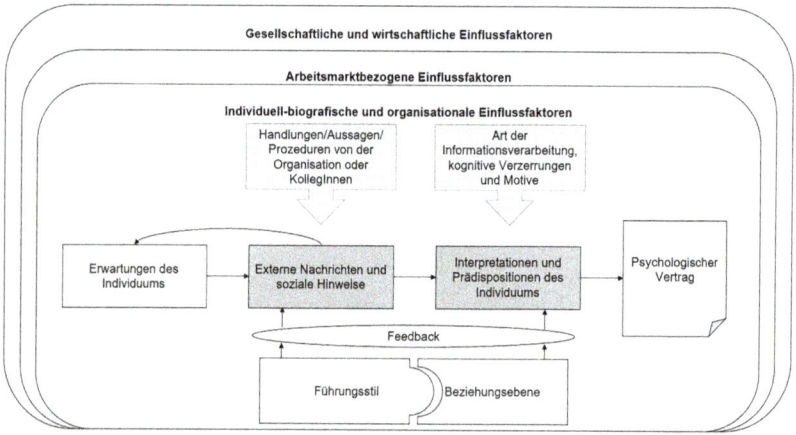

Abb. 5.1 Wirkungsweisen von Führung im psychologischen Vertragsprozess. (Eigene Darstellung, in Anlehnung an: Rousseau, 1995; Kels, 2014)

Was Sie aus diesem *essential* mitnehmen können

- Psychologische Verträge beschreiben die subjektiv wahrgenommenen Erwartungen zwischen Mitarbeitenden und Organisation und wirken weit über den formalen Arbeitsvertrag hinaus.
- Die Entstehung dieser Verträge wird durch soziale Hinweise, Kommunikation und Führung maßgeblich beeinflusst - sie sind dynamisch, kontextabhängig und individuell.
- Unterschiedliche Vertragsformen (z. B. transaktional vs. relational) führen zu unterschiedlichen Bindungsqualitäten und Reaktionsmustern bei Vertragsverletzungen.
- Führung nimmt in allen Phasen des psychologischen Vertrags eine zentrale Rolle ein - von der Erwartungserzeugung bis zur Reaktion auf Enttäuschungen.
- Moderne Führungsansätze wie transformationale und empowerment-orientierte Führung können psychologische Verträge stabilisieren und emotionale Bindung stärken.
- Empirische Befunde zeigen: Führung kann insbesondere bei transaktionalen Vertragsverletzungen Kündigungsabsichten reduzieren - durch Sinnstiftung, Vertrauen und Anerkennung.
- Praxisnahe Handlungsansätze unterstützen Führungskräfte darin, psychologische Verträge aktiv zu gestalten z. B. durch Feedback, Erwartungsklärung oder konstruktiven Umgang mit Konflikten.
- Die bewusste Gestaltung psychologischer Verträge ist ein wirksames Instrument, um Motivation, Engagement und langfristige Zusammenarbeit in Organisationen zu fördern.

Literatur

ADP Research Institute. (2022). People at work 2022 – So denkt Deutschland. https://de.adp.com/ressourcen/hr-themen-wissenswertes/artikel/p/people-at-work-2022-so-denkt-deutschland.aspx.

Aggarwal, U., & Bhargava, S. (2009). Exploring psychological contract contents in India: The employee and employer perspective. *Journal of Indian Business Research, 1*(4), 238–251.

Ahmad, I., Donia, M. B. L., Khan, A., & Waris, M. (2018). Do as I say and do as I do? The mediating role of psychological contract fulfillment in the relationship between ethical leadership and employee extra-role performance. *Personnel Review, 48*(1), 98–118.

Avolio, B. J., & Bass, B. M. (2002). *Developing potential across a full tange of leadership. Cases on transactional and transformational leadership*. Psychology Press.

Bass, B. M. (1985). *Leadership and performance beyond expectations*. Free Press.

Bass, B. M., & Avolio, B. J. (1990). Developing transformational leadership: 1992 and Beyond. *Journal of European Industrial Training, 14*(5), 21–27.

Bass, B. M. (1999). Two decades of research and development in transformational leadership. *European Journal of Work and Organizational Psychology, 8*(1), 9–32.

Behrens, M. (2009). Der psychologische Vertrag: Arbeit – Erwartungen – Anerkennung; eine betriebliche Fallstudie zu Erwartungen von Beschäftigten in reziproken Austauschbeziehungen. Universität Bremen, Forschungszentrum Nachhaltigkeit (artec), artec-paper 163. https://nbn-resolving.org/urn:nbn:de:0168-ssoar-219498. Zugegriffen: 31. März 2023.

Berchtold-Ledergerber, V. (2010). Arbeitsmotivation und Arbeitszufriedenheit. In B. Werkmann-Karcher & J. Rietiker (Hrsg.), *Angewandte Psychologie für das Human Resource Management. Konzepte und Instrumente für ein wirkungsvolles Personalmanagement* (S. 165–178). Springer.

Botha, L., & Steyn, R. (2023). Employee voice as a behavioural response to psychological contract breach: The moderating effect of leadership style. *Cogent Business & Management, 10*(1), 1–23.

Brown, M. E., Trevino, L. K., & Harrison, D. A. (2005). Ethical leadership: A social learning perspective for construct development and testing. *Organizational Behavior and Human Decision Processes, 97*, 117–134.

Bräutigam, J., & Liebig, C. (2006). *Über den Zusammenhang von psychologischem Vertragsbruch und kontraproduktivem Verhalten am Arbeitsplatz unter Berücksichtigung von Sensibilität für widerfahrende Ungerechtigkeit.* https://doi.org/10.23668/psycharchives.8694.

Carless, S. A., Wearing, A. J., & Mann, L. (2000). A short measure of transformational leadership. *Journal of Business and Psychology, 14*(3), 389–405.

Chen, T.-J., & Wu, C.-M. (2017). Transformational leadership and employee voices in the hospitality industry. Transformational leadership, leader-member exchange, and psychological contract breach. *International Journal of Contemporary Hospitality Management, 29*(7), 1914–1936.

Colquitt, J. A. (2001). On the dimensionality of organizational justice: A construct validation of a measure. *Journal of Applied Psychology, 86*(3), 386–400.

Conway, N., Guest, D., & Trenberth, L. (2011). Testing the differential effects of changes in psychological contract breach and fulfillment. *Journal of Vocational Behavior, 79*, 267–276.

Ryan, R. M., & Deci, E. L. (2000). Self-determination theory and the facilitation of intrinsic motivation, social development, and well-being. *American Psychologist, 55*(1), 68–78.

Du, J., & Vantilborgh, T. (2020). Cultural differences in the content of employees' psychological contract: A qualitative study comparing belgium and china. *Psychologica Belgica, 60*(1).

Dulac, T., Coyle-Shapiro, J., Henderson, D., & Wayne, S. J. (2008). Not all responses to breach are the same: The interconnection of social exchange and psychological contract processes in organizations. *Academy of Management Journal, 51*(6), 1079–1098.

Edmondson, A. (1999). Psychological safety and learning behavior in work teams. *Administrative Science Quarterly, 44*, 350–383.

Edmondson, A. C. (2018). *The fearless Organization: Creating safety in the workplace for learning, innovation and growth.* John Wiley & Sons.

Epitropaki, O. (2012). A multi-level investigation of psychological contract breach and organizational identification through the lens of perceived organizational membership: Testing a moderated-mediated model. *Journal of Organizational Behavior, 34*(1), 65–86.

Festing, M., & Lassalle, J. (2006). *Determinanten des psychologischen Vertrags – Eine empirische Untersuchung am Beispiel von Alumni der ESCP-EAP Europäische Wirtschaftshochschule Berlin.* ESCP-EAP, Europäische Wirtschaftshochschule Berlin, Working Paper 19. http://opus.escpeurope.de/opus4/frontdoor/index/index/docId/146. Zugegriffen: 2. Apr. 2023.

Furtner, M., & Baldegger, U. (2023). *Self-Leadership und Führung: Theorien, Modelle und praktische Umsetzung.* Springer Fachmedien Wiesbaden.

Graen, G. B., & Uhl-Bien, M. (1995). Relationship-based approach to leadership: Development of leader-member exchange (LMX) theory of leadership over 25 years: Applying a multi-level multi-domain perspective. *The Leadership Quarterly, 6*(2), 219–247.

Griep, Y., Vantilborgh, T., Baillien, E., & Pepermans, R. (2016). The mitigating role of leader-member exchange when perceiving psychological contract violation: A diary survey study among volunteers. *European Journal of Work and Organizational Psychology, 25*(2), 254–271.

Grote, G., & Staffelbach, B. (2012). *Schweizer HR-Barometer 2012. Fehlverhalten und Courage*. Universität Zürich und ETH Zürich. www.hrbarometer.ch. Zugegriffen: 3. März 2023.

Grote, G., & Staffelbach, B. (2022). *Schweizer HR-Barometer 2022. Innovation und Scheitern*. Universitäten Luzern, Zürich und ETH Zürich. www.hrbarometer.ch. Zugegriffen: 3. März 2023.

Harrington, J. R., & Lee, J. H. (2015). What drives perceived fairness of performance appraisal? Exploring the effects of psychological contract fulfillment on employees´ perceived fairness of performance appraisal in U.S. federal agencies. *Public Personnel Management, 44*(2), 214–238.

Hays (2020). *HAYS Studie: Flexibilität braucht Sicherheit. Eine empirische Studie von rheingold und Hays*. https://www.hays.de/lp/auswirkungen-der-corona-pandemie.

Hecker, D., & Behrens, B. (2013). Der psychologische Vertrag bei Veränderungsprozessen – Herausforderungen meistern.In Bundesanstalt für Arbeitsschutz und Arbeitsmedizin (Hrsg.), *Arbeitnehmer in Restrukturierungen. Gesundheit und Kompetenz erhalten* (S. 103–118). W. Bertelsmann.

Herriot, P., Manning, W. E. G., & Kidd, J. M. (1997). The Content of the Psychological Contract. *British Journal of Management, 8*, 151–162.

Hersey, P., & Blanchard, K. H. (1982). Leadership style: Attitudes and behaviors. *Training & Development Journal, 36*(5), 50–52.

Heyna, P., & Fittkau, K.-H. (2021). *Transformationale Führung kompakt. Genese, Theorie, Empirie, Kritik*. Springer.

Hussain, A., & Anwar, B. (2020). The mediating effect of leader-member exchange on the relationship between psychological contract breach and employees responses. *Pakistan Social Sciences Review, 4*(1), 306–319.

Jabeen, F., Behery, M., & Elanain, H. A. (2015). Examining the relationship between the psychological contract and organisational commitment. The mediating effect of transactional leadership in the UAE context. *International Journal of organizational Analysis, 23*(1), 102–122.

Jackenkroll, B. (2016). Deckt das full range of leadership-modell tatsächlich das gesamte Spektrum an Führungsverhalten ab? *wissens.blitz (168)*. https://wissensdialoge.de/full_range_leadership.

Janssens, M., Sels, L., & Van den Brande, I. (2003). Multiple types of psychological contracts: A six-cluster solution. *Human Relations, 56*(11), 1349–1378.

Jiang, H., Chen, Y., Sun, P., & Yang, J. (2017). The relationship between authoritarian leadership and employees' deviant workplace behaviors: The mediating effects of psychological contract violation and organizational cynicism. *Frontiers in Psychology, 8*(732), 1–12.

Judge, T. A., & Piccolo, R. F. (2004). Transformational and transactional leadership: A meta-analytic test of their relative validity. *Journal of Applied Psychology, 89*(5), 755–768.

Kayani, M. B., & Alasan, I. I. (2021). Impact of toxic leadership on counterproductive work behavior with the mediating role of psychological contract breach and moderating role of proactive personality. *Studies of Applied Economics, 39*(4), 1–22.

Kauffeld, S. (2017). *Arbeits-, Organisations- und Personalpsychologie für Bachelor*. Springer.

Kels, P., Gurtner, A., & Scherrer, S. (2016). *Employing the New Generation. Personalgewinnung und Führung der Generation Y in MINT-Berufen.* Hochschule Luzern und Berner Fachhochschule

Kels, P. (2022). Psychologische Verträge gestalten. In S. Kaudela-Baum, S. Meldau, & M. Brasser (Hrsg.), *Leadership und People Management. Führung und Kollaboration in Zeiten der Digitalisierung und Transformation* (S. 161–172). Springer.

Khan, K., Nazir, T., & Shafi, K. (2021). The effects of perceived narcissistic supervision and workplace bullying on employee silence. *Business & Economic Review, 13*(2), 87–110.

Li, N., Kirkman, B. L., & Porter, C. O. L. H. (2014). Toward a model of work team altruism. *Academy of Management Review, 39,* 541–565.

Minssen, H., & Wehling, P. (2011). Psychologischer Vertrag und Anerkennung Das Beispiel Expatriates. *Zeitschrift für Personalforschung, 25*(4), 313–334.

Morrison, E. W., & Robinson, S. L. (1997). When employees feel betrayed: A model of how psychological contract violation develops. *The Academy of Management Review, 22*(1), 226–256.

Müller, M., & Preusser, I. (2024). *Psychologische Verträge in Organisationen – Eine Analyse der Rolle von Führung.* 27. Fachtagung der Gesellschaft für angewandte Wirtschaftspsychologie (GWPs). Zugegriffen: 23. Febr. 2024.

Nerdinger, F. W. (2014). Führung von Mitarbeitern. In F. W. Nerdinger, G. Blickle, & N. Schaper (Hrsg.), *Arbeits- und Organisationspsychologie* (S. 83–102). Springer.

Nerdinger, F. W. (2019). Führung von Mitarbeitern. In F. W. Nerdinger, G. Blickle, & N. Schaper (Hrsg.), *Arbeits- und Organisationspsychologie* (S. 95–117)

Neuberger, O. (2002). *Führen und führen lassen: Ansätze, Ergebnisse und Kritik der Führungsforschung ; mit zahlreichen Tabellen und Übersichten* (6., völlig neu bearb. und erw. Aufl.). Lucius & Lucius.

Ng, T. W. H., Feldman, D. C., & Butts, M. M. (2014). Psychological contract breaches and employee voice behaviour: The moderating effects of changes in social relationships. *European Journal of Work and Organizational Psychology, 23*(4), 537–553.

Oorschot, J., Moscardo, G., & Blackman, A. (2021). Leadership style and psychological contract. *Australian Journal of Career Development, 30*(1), 43–54.

Otto, K., & Scheel, T. (2020). „Fair" ändern? Veränderungsprozesse mittels Führung fair gestalten. In B. Badura, A. Ducki, H. Schörder, J. Klose, & M. Meyer (Hrsg.), *Fehlzeiten-Report 2020. Gerechtigkeit und Gesundheit* (S. 177–190). Springer.

Phuong, T. H., & Takahashi, K. (2020). The impact of authentic leadership on employee creativity in Vietnam: A mediating effect of psychological contract and moderating effects of subcultures. *Asia Pacific Business Review, 27*(1), 77–100.

Podsakoff, P. M., MacKenzie, S. B., Moorman, R. H., & Fetter, R. (1990). Transformational leader behaviors and their effects on followers´ trust in leader, satisfaction and organizational citizenship behaviors. *Leadership Quarterly, 1*(2), 107–142.

Raeder, S., & Grote, G. (2001). Flexibilität ersetzt Kontinuität. Veränderte psychologische Kontrakte und neue Formen persönlicher Identität. *Arbeit, 3*(10), 352–364.

Raeder, S., & Grote, G. (2005). Eigenverantwortung als Element eines neuen psychologischen Vertrages. *Gruppendynamik und Organisationsberatung, 36*(2), 207–219.

Raeder, S., & Grote, G. (2012). *Der psychologische Vertrag.* Hogrefe.

Raeder, S. (2019). Der psychologische Vertrag. Ein Baustein für Karriere und Laufbahn. In S. Kauffeld & D. Spurk (Hrsg.), *Handbuch Karriere und Laufbahnmanagement* (S. 561–582). Springer.

Rigotti, T. (2009). Der Psychologische Vertrag und seine Relevanz für die Gesundheit von Beschäftigten. In B. Badura, H. Schörder, J. Klose, & K. Macco (Hrsg.), *Fehlzeiten-Report 2009. Arbeit und Psyche: Belastungen reduzieren – Wohlbefinden fördern* (S. 157–165). Springer.

Robinson, S. L., & Morrison, E. W. (2000). The development of psychological contract breach and violation: A longitudinal study. *Journal of Organizational Behavior, 21,* 525–546.

Rodwell, J., & Ellershaw, J. (2015). What is exchanged in psychological contracts? Multiple sets of obligations, targeted effort and uncertainty reduction. *Employee Relations, 37*(2), 232–247.

Rousseau, D. M. (1989). Psychological and Implied Contracts in Organizations. *Employee Responsibilities and Rights Journal, 2*(2), 121–139.

Rousseau, D. M. (1990). New hire perceptions of their own and their employer's obligations: A study of psychological contracts. *Journal of Organizational Behavior, 11,* 389–400.

Rousseau, D. M. (1995). *Psychological Contracts in Organizations. Understanding Written and Unwritten Agreements.* SAGE Publications.

Rousseau, D. M., & Tijoriwala, S. A. (1998). The psychological contract at work. *Journal of Organizational Behavior, 19,* 679–695.

Schermuly, C. C., Creon, L., Gerlach, P., Graßmann, C., & Koch, J. (2022). Leadership styles and psychological empowerment: A meta-analysis. *Journal of Leadership & Organizational Studies, 29*(1), 73–95.

Shore, L. M., & Barksdale, K. (1998). Examining degree of balance and level of obligation in the employment relationship: A social exchange approach. *Journal of Organizational Behavior, 19,* 731–744.

Spreitzer, G. M. (1995). Psychological empowerment in the workplace: Dimensions, measurement, and validation. *The Academy of Management Journal, 38*(5), 1442–1465.

Steiger, T. (2013). Das Rollenkonzept der Führung. In T. Steiger & E. Lippmann (Hrsg.), *Handbuch Angewandte Psychologie für Führungskräfte. Führungskompetenz und Führungswissen* (S. 35–61). Springer.

Syrek, C., & Antoni, C. H. (2017). Psychological contract fulfillment and employee responses to pay system change. The effects of transformational leadership. *Journal of Personnel Psychology, 16*(4), 172–185.

Van den Heuvel, S., & Schalk, R. (2009). The relationship between fulfilment of the psychological contract and resistance to change during organizational transformations. *Social Science Information, 48*(2), 283–313.

Von Au, C. (2016). Paradigmenwechsel in der Führung: Traditionelle Führungsansätze, Wandel und Leadership heute. In C. von Au (Hrsg.), *Wirksame und nachhaltige Führungsansätze. System, Beziehung, Haltung und Individualität* (S. 1–42). Springer.

Von der Oelsnitz, D., & Staiger, A.-M. (2017). Arbeit 4.0 – Führung und Organisation im digitalen Wandel. In K. Schwuchow & J. Gutmann (Hrsg.), *HR-Trends 2018. Strategie, Kultur, Innovation, Konzepte* (S. 258–267). Haufe Fachbuch.

Weibler, J. (2016). *Personalführung.* Vahlen.

Wu, C.-M., & Chen, T.-J. (2015). Psychological contract fulfillment in the hotel workplace: Empowering leadership, knowledge exchange, and service performance. *International Journal of Hospitality Management, 48,* 27–38.

GPSR Compliance

The European Union's (EU) General Product Safety Regulation (GPSR) is a set of rules that requires consumer products to be safe and our obligations to ensure this.

If you have any concerns about our products, you can contact us on

ProductSafety@springernature.com

In case Publisher is established outside the EU, the EU authorized representative is:

Springer Nature Customer Service Center GmbH
Europaplatz 3
69115 Heidelberg, Germany

www.ingramcontent.com/pod-product-compliance
Lightning Source LLC
Chambersburg PA
CBHW071831090925

32282CB00017B/228